上海市工程建设规范

联络通道冻结法技术标准

Technical standard for cross passage freezing method

DG/TJ 08—902—2023
J 10851—2024

主编单位：上海申通地铁集团有限公司
批准部门：上海市住房和城乡建设管理委员会
施行日期：2024 年 7 月 1 日

同济大学出版社

2025　上海

图书在版编目(CIP)数据

联络通道冻结法技术标准 / 上海申通地铁集团有限公司主编. --上海：同济大学出版社，2025.4.
ISBN 978-7-5765-1569-5
Ⅰ．U231.3-65
中国国家版本馆 CIP 数据核字第 20250FF622 号

联络通道冻结法技术标准
上海申通地铁集团有限公司　主编

责任编辑	朱　勇	
责任校对	徐逢乔	
封面设计	陈益平	

出版发行　同济大学出版社　www.tongjipress.com.cn
　　　　　(地址：上海市四平路1239号　邮编：200092　电话：021-65985622)

经　　销	全国各地新华书店
印　　刷	常熟市华顺印刷有限公司
开　　本	889mm×1194mm　1/32
印　　张	3.5
字　　数	88 000
版　　次	2025年4月第1版
印　　次	2025年4月第1次印刷
书　　号	ISBN 978-7-5765-1569-5
定　　价	40.00元

本书若有印装质量问题，请向本社发行部调换　　版权所有　侵权必究

上海市住房和城乡建设管理委员会文件

沪建标定〔2023〕708 号

上海市住房和城乡建设管理委员会关于批准《联络通道冻结法技术标准》为上海市工程建设规范的通知

各有关单位：

  由上海申通地铁集团有限公司主编的《联络通道冻结法技术标准》，经我委审核，现批准为上海市工程建设规范，统一编号为 DG/TJ 08—902—2023，自 2024 年 7 月 1 日起实施。原《旁通道冻结法技术规程》DG/TJ 08—902—2016 同时废止。

  本标准由上海市住房和城乡建设管理委员会负责管理，上海申通地铁集团有限公司负责解释。

上海市住房和城乡建设管理委员会

2023 年 12 月 29 日

前　言

根据上海市住房和城乡建设管理委员会《关于印发〈2022年上海市工程建设规范、建筑标准设计编制计划〉的通知》（沪建标定〔2021〕829号），由上海申通地铁集团有限公司会同有关单位对《旁通道冻结法技术规程》DG/TJ 08—902—2016进行修订。标准编制组经广泛调查研究，认真总结实践经验，参照相关标准和规范，在反复征求意见的基础上，形成本标准。

本标准主要内容有：总则；术语和符号；基本规定；冻结设计；冻结施工；开挖与构筑施工；施工监测；验收；附录A～附录K。

本次修订的主要内容有：①冻结设计新增隧道支撑及防护门设计、初期支护设计、冻结孔（注浆孔）充填与封堵设计、充填注浆与融沉注浆设计等；②新增冷排管安装、冻结孔充填与封堵、防水施工；③新增封孔、融沉注浆验收；④附录新增冻结壁平均温度计算、冻结站设备选型通用计算等。

各单位及相关人员在本标准执行过程中，如有意见和建议，请及时反馈至上海市交通委员会（地址：上海市世博村路300号1号楼；邮编：200125；E-mail：shjtbiaozhun@126.com），上海申通地铁集团有限公司（地址：上海市桂林路909号1号楼；邮编：201103），上海市建筑建材业市场管理总站（地址：上海市小木桥路683号；邮编：200032；E-mail：shgcbz@163.com），以供今后修订时参考。

主 编 单 位：上海申通地铁集团有限公司
参 编 单 位：上海市隧道工程轨道交通设计研究院
　　　　　　北京中煤矿山工程有限公司
　　　　　　上海申通轨道交通研究咨询有限公司

上海勘察设计研究院(集团)股份有限公司
天地科技建井研究院
中煤隧道工程有限公司

主要起草人：毕湘利　于　宁　申伟强　王秀志　刘洪波
　　　　　　　吴　迪　鞠丽艳　王书磊　高　伟　张增峰
　　　　　　　戴加东　郭长弓　杨　勇　卞国强　杨志豪
　　　　　　　曹伟飚　王嘉烨　熊　旺　韩圣铭　韩玉福
　　　　　　　陈红蕾　叶玉西　李　民　余占奎　傅富强
　　　　　　　褚伟洪　陈卫南　孔令辉　董世卓　徐相利
　　　　　　　史志明

主要审查人：周王宝　杜一鸣　顾眩曜　董国宪　李　仑
　　　　　　　郝明强　金福强

上海市建筑建材业市场管理总站

目　次

1 总　则 ·· 1
2 术语和符号 ·· 2
  2.1 术　语 ·· 2
  2.2 符　号 ·· 4
3 基本规定 ·· 8
4 冻结设计 ·· 9
  4.1 一般规定 ······································ 9
  4.2 冻结设计基础资料 ···························· 11
  4.3 冻结壁设计 ·································· 11
  4.4 冻结孔、测温孔和泄压孔设计 ················ 16
  4.5 冻结站设计 ·································· 19
  4.6 隧道支撑及防护门设计 ······················ 22
  4.7 初期支护设计 ································ 23
  4.8 冻结孔充填与封堵设计 ······················ 24
  4.9 充填注浆与融沉注浆设计 ···················· 25
5 冻结施工 ·· 27
  5.1 一般规定 ···································· 27
  5.2 冻结孔、测温孔、泄压孔施工 ················ 27
  5.3 冻结管、测温管、泄压管施工 ················ 29
  5.4 冻结器安装 ·································· 30
  5.5 冷排管安装 ·································· 31
  5.6 冻结站位置及安装 ···························· 31
  5.7 冻结站运转 ·································· 32
  5.8 冻结壁检测与判断 ···························· 33

5.9 停冻与冻结站拆除 ·· 35
6 开挖与构筑施工 ··· 36
　6.1 一般规定 ··· 36
　6.2 隧道支撑和防护门安装 ······································· 36
　6.3 开挖准备 ··· 37
　6.4 开挖与初期支护施工 ··· 38
　6.5 防水施工 ··· 39
　6.6 结构施工 ··· 40
　6.7 冻结孔充填与封堵 ··· 41
　6.8 充填注浆与融沉注浆 ··· 41
7 施工监测 ·· 43
　7.1 一般规定 ··· 43
　7.2 监测内容 ··· 43
　7.3 监测要求 ··· 44
8 验 收 ··· 47
　8.1 一般规定 ··· 47
　8.2 冻结孔、测温孔、泄压孔的验收 ····························· 48
　8.3 冻结管、测温管、泄压管的验收 ····························· 49
　8.4 冻结系统质量验收 ··· 50
　8.5 开挖条件验收 ·· 51
　8.6 开挖与初期支护质量验收 ···································· 52
　8.7 防水工程验收 ·· 53
　8.8 结构工程验收 ·· 53
　8.9 封孔、融沉注浆验收 ··· 55
附录 A 冻结孔检验批质量验收 ······································ 56
附录 B 冻结管检验批质量验收 ······································ 57
附录 C 开始冻结前检验批质量验收 ································· 58
附录 D 冻结加固冻结运转日报表 ··································· 59
附录 E 冻结加固测温测压日报表 ··································· 61

附录 F　开挖前检验批质量验收 …………………………… 62
附录 G　开挖与支护检验批质量验收 ………………………… 64
附录 H　结构工程检验批质量验收 …………………………… 65
附录 J　冻结壁平均温度计算 ………………………………… 66
附录 K　冻结站设备选型通用计算 …………………………… 70
本标准用词说明 ………………………………………………… 73
引用标准名录 …………………………………………………… 74
标准上一版编制单位及人员信息 ……………………………… 75
条文说明 ………………………………………………………… 77

Contents

1 General provisions ······ 1
2 Terms and symbols ······ 2
   2.1 Terms ······ 2
   2.2 Symbols ······ 4
3 Basic requirements ······ 8
4 Design of freezing ······ 9
   4.1 General requirements ······ 9
   4.2 Basic document of design for frozen ground ······ 11
   4.3 Design of frozen wall ······ 11
   4.4 Design of freezing hole, temperature measuring hole and pressure relief hole ······ 16
   4.5 Design of frozen station ······ 19
   4.6 Design of tunnel support and protective door ······ 22
   4.7 Design of initial support ······ 23
   4.8 Design of freezing hole filling and plugging ······ 24
   4.9 Design of filling grouting and melting grouting ······ 25
5 Freezing construction ······ 27
   5.1 General requirements ······ 27
   5.2 Construction of freezing hole, temperature measuring hole and pressure relief hole ······ 27
   5.3 Construction of freezing pipe, temperature measuring pipe and pressure relief pipe ······ 29
   5.4 Installation of the freezer device ······ 30
   5.5 Cold drain pipe installation ······ 31

 5.6 Location and installation of the freezing station 31
 5.7 Frozen station operation 32
 5.8 Detection and judgment of the frozen wall 33
 5.9 Freezing stop and removal of freezing station 35
6 Excavation and construction 36
 6.1 General requirements 36
 6.2 Installation of tunnel support and safety doors 36
 6.3 Excavation preparation 37
 6.4 Excavation and initial support construction 38
 6.5 Waterproof construction 39
 6.6 Structural construction 40
 6.7 Frozen hole filling and plugging 41
 6.8 Filling grouting and melting grouting 41
7 Construction monitoring 43
 7.1 General requirements 43
 7.2 Monitoring content 43
 7.3 Monitoring requirements 44
8 Acceptance check 47
 8.1 General requirements 47
 8.2 Acceptance check for freezing hole, temperature measuring hole and pressure relief hole 48
 8.3 Acceptance check for freezing pipe, temperature measuring pipe and pressure relief pipe 49
 8.4 Acceptance check for freezing system 50
 8.5 Acceptance check for excavation prerequisite 51
 8.6 Quality control and acceptance check for initial excavation and support 52
 8.7 Acceptance check for waterproof works 53
 8.8 Acceptance check for structural engineering 53

8.9　Acceptance check for hole sealing and melting grouting 55
Appendix A　Acceptance check for freezing hole 56
Appendix B　Acceptance check for freezing pipe 57
Appendix C　Acceptance check before operation of refrigeration plant 58
Appendix D　Frozen reinforcement frozen operation daily report 59
Appendix E　Daily report of frozen reinforcement for temperature and pressure measurement 61
Appendix F　Acceptance check before excavation 62
Appendix G　Acceptance check for excavation process 64
Appendix H　Acceptance check for structural engineering inspection batch 65
Appendix J　Calculation of the mean freezing wall temperature 66
Appendix K　General calculation of equipment selection of freezing station 70
Explanation of wording in this standard 73
List of quoted standards 74
Standard-setting units and personnel of the previous version 75
Explanation of provisions 77

1 总 则

1.0.1 为保证地铁隧道冻结法联络通道工程质量,促进技术进步,做到经济合理、安全可靠、资源节约、环境保护,特制定本标准。

1.0.2 本标准适用于上海地铁区间隧道联络通道应用盐水冻结法技术的工程勘察、设计、施工、检测、监测及验收。其他类似联络通道工程可参照执行。

1.0.3 采用冻结法施工的联络通道工程,除应符合本标准的规定外,还应符合国家、行业和本市现行有关标准的规定。

2 术语和符号

2.1 术　语

2.1.1 联络通道　cross passage

连接相邻两条单洞地下区间隧道,可供人员双向安全疏散用的通道。

2.1.2 冻结法　freezing method

在施工地下构筑物之前,用人工冻结的方法,对构筑物周围含水地层进行冻结,形成具有临时承载和隔水作用并满足工程施工安全需要的冻结壁,然后在冻结壁的保护下进行构筑物掘砌作业的一种施工方法。

2.1.3 盐水冻结系统　brine freezing system

以氯化钙等盐溶液(简称盐水)为载冷剂的间接冻结系统。

2.1.4 冻土圆柱　frozen soil column

冻结器与周围含水地层发生热交换并使周围含水地层冻结所形成的近似圆柱形的冻土柱。

2.1.5 冻结壁　frozen wall

用盐水冻结系统在构筑物周围地层所形成的具有一定厚度和强度的连续冻结岩土体。

2.1.6 冻结壁厚度　frozen soil wall thickness

冻结壁任一截面内外边界之间的最短距离。

2.1.7 冻结壁平均温度　average temperature of frozen soil wall

冻结壁冻结范围内温度分布的平均值。

2.1.8 冻结壁交圈时间　freezing time to closure

从地层冻结开始至构筑物周围主要冻结器布置圈上所有相

邻的冻结器所形成的冻土圆柱按设计要求完全相交所需的时间。

2.1.9 冻结壁形成期 period of frozen soil wall formation

从地层冻结开始至冻结壁形成达到设计要求所需的时间,也称积极冻结期。

2.1.10 冻结壁维护期 maintenance period of frozen soil wall

冻结壁形成达到设计要求后,继续向冻结器输送冷量,以平衡冻结壁冷量损失,从而维持冻结壁满足设计要求的一段时间,也称维护冻结期。

2.1.11 冻结站 refrigeration plant

在拟建联络通道附近集中安设制冷设备和设施的场所。冻结站主要由制冷剂(氟利昂等)循环系统、载冷剂(盐水等)循环系统、冷却水循环系统及供电系统构成。

2.1.12 冻结孔 freezing hole

按设计要求布置在联络通道周围用于安装冻结器的钻孔,有垂直孔、水平孔、倾斜孔之分。

2.1.13 透孔 thru hole

打透两条隧道管片,向开挖面对侧供盐水的孔。并用来校核隧道线间距、里程及标高。

2.1.14 冻结器 freezing apparatus

安设在冻结孔内,用以循环载冷剂并与地层进行热交换的装置。冻结器由冻结管和置于冻结管内的供液管等组成。

2.1.15 泄压孔 pressure release hole

用来观测和释放土层水土压力的孔。

2.1.16 测温孔 temperature measurement hole

布置在冻结壁及冻结降温区内、用于安装温度传感器监测不同时期不同断面温度分布状况的钻孔。

2.1.17 测斜 deviational measurement

测量冻结孔、测温孔、泄压孔在不同深度上的偏斜值和偏斜方位的工作。

2.1.18 掘进步距 length of advance step

掘砌施工过程中,每个开挖与支护循环作业的掘进长度。

2.1.19 冻土压力 frozen ground pressure

冻结壁作用于支护上的法向压力的统称,亦称冻结压力。

2.1.20 强制解冻 artificial thawing

在使用冻结法施工的地下构筑物结构施工完成后,利用人工加热的方法将冻结壁解冻,缩短解冻周期的方法。

2.1.21 孔口管 borehole orifice-pipe

联络通道正常钻孔前,在钻孔位置埋设一段带有法兰的钢管,是安装其他装置的基础。

2.1.22 孔口防喷装置 blowout prevent device

联络通道正常钻孔前,在孔口管上安装的用于防止钻孔时泥水或砂喷涌的控制装置。

2.1.23 融沉 thawing settlement

冻土融化时的下沉现象。包括与外荷载无关的融化沉降和与外荷载直接有关的压密沉降。

2.1.24 隧道支撑 tunnel upholder

在上、下行线隧道联络通道洞门两侧位置处设立的、由型钢制成的临时加固隧道的支撑。

2.1.25 防护门 protective door

用于联络通道开挖过程中涌水、涌砂风险应急控制的安全门。

2.2 符　号

2.2.1 几何参数

A——冻结管总表面积;

d——冻结管外径;

d_i——管径;

E——冻结壁厚度；

E_{yj}——预计冻结壁有效厚度；

E_{qr}——冻土侵入开挖面以内厚度；

H——冻结孔深度；

L_{sj}——从冻结孔孔口到冻结壁设计边界的距离；

L_i——管长；

L_0——不能循环盐水的冻结管端部长度；

L——排间距；

l——相邻冻结管中心的距离；

r_0——冻结管半径；

S_{max}——冻结孔成孔控制最大间距；

V_1——冻结器内盐水体积；

V_2——干管、集液圈、配液圈及连接管路内的盐水体积；

V_3——蒸发器和盐水箱内盐水体积；

ξ——冻结管到冻结壁边界的距离。

2.2.2 阻力、荷载参数

H_c——盐水泵计算扬程；

h_1——盐水干管和集、配液圈中的压头损失；

h_2——供液管中的压头损失；

h_3——冻结器环形空间的压头损失；

h_4——盐水管路中弯头、三通、阀门等压头损失；

h_5——盐水泵的压头损失；

h_6——封闭式循环系统中回路盐水管高出盐水泵的高度；

h_7——蒸发器内的盐水压头损失；

h_g——冷冻排管中的压头损失；

R——冻土的强度指标；

σ——冻结壁应力；

P_s——侧向土压力；

P_t——计算点的垂直土压力。

2.2.3 时间、温度参数

t_c——冻结管外壁温度；

t_{cp}——冻结壁平均温度；

t_{cp1}——单排管冻结壁的平均温度；

t'_{cp}——有效厚度范围内冻结壁的平均温度；

t_k——冻结壁特征点温度；

t_f——冻结管表面温度；

t_y——最低盐水温度；

t——冻结时间；

t_{jq}——预计冻结壁交圈时间；

t_0——冻结壁边界温度；

t_1——冷凝器进水温度；

t_2——冷凝器出水温度；

t_b——补充水温度；

t_n——侧壁温度；

Δt_2——去回路盐水温差；

Δt_1——冷凝器进出水温差；

v_{dp}——冻结壁单侧平均扩展速度。

2.2.4 冷量、水量参数

Q_g——冻结管总吸热能力；

Q_{yk}——单组盐水流量；

Q_z——冻结站需冷量；

W_{br}——盐水循环计算总流量；

W_r——冷却塔循环水量；

W_0——冷却水计算总需用量；

W_1——冷凝器冷却水需用量；

W_2——冷冻机冷却水需用量；

W_3——补充水量；

W_4——冷却塔的飞溅损失水量；

W_5——其他排放水量。
ω_i——盐水流速。

2.2.5 计算系数

c——盐水比热；

G——氯化钙用量；

θ_G——单位体积盐水固体氯化钙含量；

g——重力加速度；

θ_g——单位盐水体积固体氯化钙含量；

K——安全系数；

K_0——侧压力系数；

m——冷量损失系数；

q——冻结管吸热系数；

R_{ei}——雷诺数；

γ——盐水密度；

γ_i——盐水重度；

η_1——盐水泵的效率；

η_2——电动机的效率；

λ_i——盐水流动阻力系数；

μ——盐水动力粘滞系数；

ρ——固体氯化钙纯度；

ω——经验系数。

3 基本规定

3.0.1 在联络通道工程勘察、冻结设计和施工中,应根据地质条件、周边环境、工况条件,做到认真勘察、合理设计、精心施工、严格监控,确保施工安全。

3.0.2 施工期间应对邻近的建(构)筑物、地下管线、道路与轨道交通线路等进行监测,并应对重要或有特殊要求的建(构)筑物采取必要的保护措施。

3.0.3 联络通道施工期间应配备应急设备物资和应急抢险救援人员,并加强对储备物资和人员的管理。

3.0.4 冻结法联络通道工程应实施项目信息化管理,配置远程监控和实时通信系统。

4 冻结设计

4.1 一般规定

4.1.1 冻结壁宜作为开挖后临时承载结构,并应设立初期支护形成共同承载体系。

4.1.2 冻结设计应包括下列内容:
    1 工程风险等级评估。
    2 冻结壁结构方案比较与选择。
    3 冻结壁的承载力和变形验算(Ⅰ类冻结壁除外)。
    4 冻结孔、泄压孔、测温孔等的布置与参数设计。
    5 冻结需冷量计算。
    6 冻结壁形成验算。
    7 初期支护设计。
    8 隧道支撑、防护门设计。
    9 注浆孔布置,充填注浆、融沉注浆的设计要求。
    10 冻结孔、测温孔与注浆孔等的割除、封堵设计。
    11 对冻结壁和环境的监测与保护设计要求。
    12 对周围环境产生影响的分析等。

4.1.3 出现下列情况之一时,设计应采取针对性措施:
    1 工程特征:
        1)联络通道处主隧道顶覆土厚度小于 6 m 或大于 25 m。
        2)两隧道轴线间距大于 20 m 或小于 9 m。
        3)区间圆隧道直径大于 10 m。
        4)侧式泵站结构型式。
        5)Z 型通道、重叠隧道联络通道、联络通道两端隧道中心标高相差大于0.5 m、联络通道中心线与隧道夹角小于88°等异形通道结构型式。
6）联络通道开挖断面宽度大于4.5 m或曲墙拱等异形断面。

2 水文地质条件：
1）地下水流速大于5 m/d、有集中水流或地下水水位有明显波动。
2）土层结冰温度低于－2℃或有地下热源可能影响土体冻结。
3）联络通道施工范围含有承压水层。
4）存在沼气、暗浜、古河道等不良地质条件。

3 联络通道施工区域地面影响范围（影响半径为1倍中心埋深）竖向投影区域内存在下列情况之一时：
1）居民住宅、保护建筑、共同沟及其他重要建（构）筑物或变形敏感区域等。
2）城市主干道、城市高架桥或下立交。
3）上水、原水、燃气、输油等压力总管或干管、市政排水总管（合流总管）、110 kV及以上高压电缆、军缆、通信等重要管线。
4）铁路、高速公路、机场跑道、隧道工程、已运营或已建成的轨道交通设施。
5）江河湖海。
6）同步施工的其他地下工程。

4 其他影响因素：
1）联络通道施工与盾构推进或铺轨等施工交叉作业。
2）土体中含有聚氨酯等隔热材料，且范围、分布难以确定。
3）被其他方法扰动过的地层。
4）近3个月内冻结范围内土体进行过水泥系地基加固。

4.1.4 当冻结壁表面直接与大气接触或通过导热物体与大气产生热交换时，应在冻结壁或导热物体表面采取保温措施。

4.1.5 在冻结壁形成期间,冻结壁外 200 m 区域内的透水砂层中不宜采取降水措施。必须降水施工时,冻结设计应考虑降水产生的不利影响。

4.2 冻结设计基础资料

4.2.1 应通过物探及调查手段查明周边地面及地下的建(构)筑物结构、设备、管线特征及保护要求、与拟建联络通道的位置关系等。

4.2.2 设计基础资料应包括下列内容:

  1 联络通道结构施工图。

  2 联络通道所在区间隧道岩土工程详细勘察资料。联络通道附近含水层地下水活动频繁或地下水流速超过 5 m/d 时,还应提供该含水层的地下水流向、流速等资料。

  3 联络通道附近隧道施工的有关情况、隧道内及端头井附近的交通及场地条件、地区气象资料等其他与联络通道冻结法设计、施工有关的资料。

  4 两条已构筑隧道预留联络通道洞门的位置关系。

4.2.3 冻土试验资料应包含下列指标:

  1 土层的热物理特性指标,包括原始地温、结冰温度、导热系数、比热、冻胀率和融沉率。

  2 冻土的物理力学特性指标,包括弹性模量、泊松比、抗压强度、剪切强度、抗折强度、蠕变参数等。

4.3 冻结壁设计

4.3.1 冻结壁类别及结构形式选择应符合下列要求:

  1 冻结壁的分类应符合表 4.3.1 的要求。

表 4.3.1 冻结壁类别

类别	功能与要求
Ⅰ	仅用于止水而无承载要求
Ⅱ	仅用于承载而无止水要求
Ⅲ	既要求承载又要求止水

2 冻结壁结构形式选择应符合下列要求：

1）冻结壁宜按受压结构设计。

2）冻结壁结构形式选择应有利于控制土层冻胀与融沉对周围环境的影响。

3）在含水砂性土层中应采用封闭的冻结壁结构形式。

3 联络通道的通道部分宜采用直墙圆拱冻结壁,泵站部分及侧式泵站宜采用满堂加固或采用"V"字形冻结壁。

4.3.2 冻结壁设计应符合下列要求：

1 应根据冻结壁功能要求与类别,选择不同结构形式和安全性能的冻结壁。

2 应确定冻结壁有效厚度、平均温度,并预估冻结壁交圈时间、冻结壁形成时间。

3 Ⅱ类和Ⅲ类冻结壁有效厚度与平均温度应按承载力和变形要求确定,方案设计可参考表 4.3.2。

表 4.3.2 冻结壁有效厚度与平均温度设计参考值

覆土厚度 H_j(m)	冻结壁有效厚度(m)	平均温度(℃)
≤16	≥1.7	≤−10
16～19	≥1.9	≤−10
19～22	≥2.1	≤−10
22～25	≥2.3	≤−10
25～30	≥2.4	≤−13
30～35	≥2.6	≤−13

注：1 表中 H_j 是指联络通道处主隧道(外径 6.2 m/6.6 m)顶覆土厚度,冻结壁有效厚度适用于通道部分和泵站部分,不适用于喇叭口或其他变截面处。

2 该表基于上海地区多年的工程实践总结而得,当存在地下水流速大于 5 m/d、土层结冰温度小于−2℃、异常联络通道结构形式等特殊工况时,不得参照此表。

4 联络通道与管片交界处的冻结壁有效厚度不应小于 1 m，且平均温度不应高于－5℃。

4.3.3 冻结壁计算应符合下列要求：

1 冻结壁承载力设计应按承受全部荷载计算。

2 冻结壁的计算方法应符合下列要求：

1）冻结壁内力宜采用通用力学及数值计算方法计算。

2）采用通用力学方法时，冻结壁的力学计算模型可按均质线弹性体简化，其力学特性参数宜取设计冻结壁平均温度下的冻土力学特性指标。

3）采用数值计算方法时，数值计算应建立合理的计算模型。隧道管片混凝土的弹性模量、泊松比、密度，未冻土的弹性模量、泊松比、重度，冻土的弹性模量、泊松比、重度，宜根据现场试验或者参考类似材料选取。

3 冻结壁的荷载计算应符合下列要求：

1）冻结壁的荷载应包括地层压力、水压力、通道开挖影响范围以内地面建（构）筑物荷载、地面超载及其他临时荷载。

2）砂性土地层的侧向水、土压力应采用水土分算，黏性土地层的侧向水、土压力宜采用水土合算。

3）竖向土压力应按计算点以上覆土重量、地面建（构）筑物荷载、地面超载及其他荷载计算；侧向土压力宜按主动土压力计算，可采用郎肯土压力或静止土压力理论计算；基底土反力可按静力平衡计算。

4）侧向土压力可按式（4.3.3-1）计算：

$$P_s = K_0 P_t \quad (4.3.3\text{-}1)$$

式中：P_s——侧向土压力（MPa）；

P_t——计算点的垂直土压力（MPa）；

K_0——侧压力系数。

4 冻结壁应进行抗压、抗折和抗剪强度验算。冻结壁的强度验算宜按式(4.3.3-2)进行：

$$K\sigma \leqslant R \qquad (4.3.3-2)$$

式中：σ——冻结壁应力(MPa)；

R——冻土的强度指标(MPa)；

K——安全系数，宜按表4.3.3选取。

表4.3.3 冻结壁强度验算安全系数 K

项目	冻结壁功能类别	抗压	抗折	抗剪
安全系数 K	Ⅱ	1.8	2.7	1.8
	Ⅲ	2.0	3.0	2.0

5 冻结壁设计时应验算冻结壁变形，最大变形不应超过30mm。

4.3.4 盐水温度与盐水流量应符合下列要求：

1 最低盐水温度可根据设计的冻结壁有效厚度、平均温度、地层环境及气候条件确定，宜按表4.3.4-1选取，地温高时宜取较低的盐水温度。

表4.3.4-1 最低盐水温度设计参考值

冻结壁平均温度 t_{cp}(℃)	$-10 \sim -8$	$\leqslant -10$
最低盐水温度 t_y(℃)	$-30 \sim -28$	$\leqslant -30$

2 积极冻结7d后盐水温度宜降至−18℃以下，积极冻结15d后盐水温度应降至−24℃以下，开挖前及开挖期间盐水温度不高于设计最低盐水温度，去、回路盐水温差不宜高于2℃。

3 施工完成初期支护后可转入维护冻结，在冻结壁平均温度和厚度达到设计要求且确保冻结壁安全的前提下，可适当提高盐水温度，但不宜高于−25℃。

4 冻结孔单孔盐水流量应根据冻结管散热要求、去回路盐水温差和冻结管直径确定。积极冻结期冻结管内盐水流动宜处于紊流状态。冻结孔所有分组盐水流量之和不应小于按本标准附录K中式(K.0.1-1)计算的盐水循环总流量。冻结孔单组盐水流量宜按表4.3.4-2选取，各盐水管路连接系统的规格选择应相匹配，满足设计最小盐水流量的要求。

表4.3.4-2 单组盐水流量设计参考值

冻结管外径 d(mm)	89	108	127
单组盐水流量 Q_{yk}(m³/h)	≥5.0	≥6.0	≥7.0

4.3.5 冻结壁形成验算应符合下列要求：

1 冻结壁有效厚度可按式(4.3.5-1)计算：

$$E_{yj} = 2v_{dp}t - E_{qr} \quad (4.3.5\text{-}1)$$

式中：E_{yj}——预计冻结壁有效厚度(mm)；

v_{dp}——冻结壁单侧平均扩展速度(mm/d)；

E_{qr}——冻土侵入开挖面以内厚度(mm)；

t——冻结时间(d)。

冻结壁单侧平均扩展速度宜按表4.3.5选取或采用经验公式计算。

表4.3.5 单排孔冻结壁单侧平均扩展速度设计参考值(mm/d)

冻结时间 t(d)	31～40	41～50	51～60
黏性土	25～28	22～25	21～23
砂性土	27～30	25～28	23～26

注：1 本表适用于上海地区正常工况下的冻结工程，冻结壁的扩展速度与冻结孔间距、盐水温度、初始地温和地层含水率等多种因素有关。
2 采用封闭式群孔冻结的内侧冻结壁扩展速度可比表中数值增加10%～20%。

2 冻结壁交圈时间可按式(4.3.5-2)估算：

$$t_{jq} = \frac{S_{max}}{2v_{dp}} \quad (4.3.5\text{-}2)$$

式中：t_{jq}——预计冻结壁交圈时间(d)；
　　S_{max}——冻结孔成孔控制间距(mm)；
　　v_{dp}——冻结壁单侧平均扩展速度(mm/d)。

3 冻结壁形成期不应少于预计冻结壁有效厚度和平均温度达到设计要求的时间。

4 冻结壁交圈后的温度分布可简化为稳态温度场计算，冻结壁扩展过程和平均温度可采用经验公式、解析法、图解法、通用数值方法等计算方法，可参照本标准附录J。

4.3.6 隧道管片保温应符合下列要求：

1 在冻结壁附近隧道管片内侧应敷设保温层，敷设范围不应小于设计冻结壁边界外1.0 m；保温层应与管片表面密贴，粘结牢固。

2 钢管片隔仓宜在积极冻结前按结构设计要求进行填充。

3 保温层应采用导热系数和吸水率小的保温材料，导热系数不应大于0.04 W/(m·K)，吸水率不应大于2%，可采用聚氨酯、橡塑、聚苯乙烯和聚乙烯软质泡沫等保温材料。保温层厚度不应小于30 mm；在5月—10月间施工，保温层厚度不宜小于50 mm(或采用双层保温)。

4 保温层应采用阻燃型材料，燃烧性能等级不应低于现行国家标准《建筑材料及制品燃烧性能分级》GB 8624的B_1级要求。

4.4 冻结孔、测温孔和泄压孔设计

4.4.1 冻结孔布置应符合下列要求：

1 冻结孔应根据设计冻结壁布置，并根据冻结孔布置对冻结壁形成进行验算。

2 冻结孔布置参数应包括孔位偏距和定位角(弦长)、开孔间距、方位角、孔深、成孔间距和偏斜精度等。

3 冻结孔成孔间距应按设计冻结壁有效厚度、冻结壁平均温度、盐水温度和积极冻结时间等确定；多排冻结孔密集布置时，

内部冻结孔成孔间距可适当放大。

  4 冻结孔偏斜精度要求可按表 4.4.1 选定。

表 4.4.1 冻结孔偏斜精度要求

冻结孔类型	水平或倾斜冻结孔		
冻结孔深度 H(m)	≤10	10～15	15～30
冻结孔最大偏斜率(％)	≤1.5	线性插值	≤1.2

  5 当布置单排冻结孔在规定冻结时间内达不到设计冻结壁有效厚度和平均温度时,宜布置多排冻结孔。在满足冻结效果的前提下,宜控制冻结孔数量。

  6 冻结孔宜均匀布置并应避开地层中的障碍物。在隧道管片上布置冻结孔时,开孔位置应避开管片接缝、螺栓孔、钢管片环肋板,并宜避开钢筋混凝土管片主筋和钢管片纵肋板。

  7 冻结孔深度可按式(4.4.1)确定：

$$H = L_{sj} + L_0 \qquad (4.4.1)$$

式中：H——冻结孔深度(m)；

   L_{sj}——从冻结孔孔口到冻结壁纵向设计边界的距离(m)；

   L_0——不能循环盐水的冻结管端部长度(m),其长度不宜大于 0.15 m。

4.4.2 在冻结孔未穿透管片的隧道管片内表面应敷设冷冻排管。冷冻排管的敷设范围不应小于冻结壁设计厚度,冷冻排管间距不宜大于 0.4 m,冷冻排管可采用内径不小于 30 mm 钢管或同等过流面积的扁口方钢等。冷冻排管应密贴隧道管片且应敷设保温层。

4.4.3 若需局部冻结时,可采用局部冻结管保温或冻结管内供液管与回液管组合形式。

4.4.4 在(微)承压水地层中,应结合联络通道处特殊衬砌环结构形式采取可靠的冻结孔开孔、封孔工艺和相应的技术措施。

4.4.5 联络通道透孔的设置应符合下列要求：

1 透孔位置宜避开承压含水层。

2 当不透水地层中联络通道处两隧道净间距大于 25 m 或透水地层中联络通道处两隧道净间距大于 15 m 时,不宜设置透孔。

3 透孔位于(微)承压水层时,应在对侧隧道设置密封接收装置。

4.4.6 测温孔及测点布置应符合下列要求：

1 测温孔布置应满足准确、全面评价冻结壁形成质量的需要。

2 测温孔宜布置在预计冻结薄弱处、孔间距较大的冻结壁界面处、地层差异较大处等。

3 检测冻结壁厚度的测温孔不宜少于 4 个,并应布置在冻结壁设计外边界处。通道开挖边界应布置不少于 2 个测温孔,泵站中部应布置不少于 1 个测温孔,侧式泵站通道正前方冻结壁应布置不少于 2 个测温孔。

4 测温孔的长度不宜小于 2.0 m,设置的测点不少于 3 个,其中在每个测温孔的冻结壁与隧道管片交界面位置宜布置 1 个测点。

4.4.7 泄压孔设置应符合下列要求：

1 泄压孔设置应满足消散冻胀压力及检验冻结壁交圈的作用。

2 联络通道两侧各布置不少于 2 个泄压孔,泄压孔应在洞门内未冻结区对角分开布置。在联络通道开挖区内有透水地层时,应有不少于 2 个泄压孔与之贯通。

3 泄压管的规格、结构形式宜结合地层条件、联络通道结构特征等因素进行选择。

4 开始冻结前,应检测初始地层压力。

4.4.8 管材及规格选择应符合下列要求：

1 冻结管、测温管、泄压管宜采用低碳无缝钢管,应符合现行国家标准《输送流体用无缝钢管》GB/T 8163 的要求。

2 冻结管外径宜为 89 mm～127 mm，不宜小于 73 mm；管壁厚度不宜小于 6 mm。

3 测温管外径宜为 45 mm～89 mm，不宜小于 32 mm；管壁厚度不宜小于 3 mm。

4 泄压管外径宜为 60 mm～89 mm，管壁厚度不宜小于 3 mm；应根据地层及联络通道长度等工况条件，合理设置花孔的孔径和分布范围。

5 供液管可采用聚乙烯增强塑料管或钢管。供液管的管径与壁厚可参考表 4.4.8 选取。供液管内、外盐水流动速度宜满足本标准第 4.5.5 条第 1 款的要求。

表 4.4.8　供液管的管径与壁厚

供液管品种	外径(mm)	壁厚(mm)
焊接钢管	≥38	3～4
聚乙烯增强塑料管	≥40	≥3.5

4.5　冻结站设计

4.5.1 冻结站由制冷剂(氟利昂)循环系统、载冷剂(盐水)循环系统和冷却水循环系统等组成，冻结站各系统的设备选型(型号、规格和数量等)应相互匹配，设备配置容量宜适当富裕。

4.5.2 冻结站需冷量计算应符合下列要求：

1 冻结管吸热能力宜按式(4.5.2-1)计算：

$$Q_g = qA \qquad (4.5.2\text{-}1)$$

式中：Q_g——冻结管总吸热能力(kJ/h)；

　　　q——冻结管吸热系数(kJ/m²h)，可取 1 047 kJ/m²h～1 172 kJ/m²h；

　　　A——冻结管总表面积(m²)。

2 冻结站需冷量宜按式(4.5.2-2)计算：

$$Q_z = mQ_g \quad (4.5.2-2)$$

式中：Q_z——冻结站需冷量(kJ/h)；

m——冷量损失系数，参考 $m=1.2\sim1.3$ 选取。

3 当盐水干管的长度大于100m时，冻结站需冷量应增加计入盐水干管长距离输送盐水工况下冷量损失。

4.5.3 冷冻机选择应符合下列要求：

1 制冷剂循环系统的冷凝温度应比冷却水循环系统的出水温度高3℃～5℃。

2 制冷剂循环系统的蒸发温度应比设计最低盐水温度低5℃～7℃。

3 冷冻机型号与数量应根据计算需冷量、制冷剂循环系统的冷凝温度、蒸发温度、环境条件等因素确定。选定冷冻机的实际工况总制冷能力不应小于计算需冷量，并应考虑备用冷冻机。

4 不得选择制冷剂为氨的冷冻机组。

4.5.4 地层冻结盐水应符合下列要求：

1 地层冻结用载冷剂(盐水)宜采用氯化钙水溶液，其凝固点应低于设计盐水温度8℃～10℃。

2 盐水中可掺加氢氧化钠或重铬酸钠。

3 氯化钙水溶液应充满盐水循环系统中所有的容器和管路。氯化钙用量可按式(4.5.4)计算确定：

$$G = \frac{1.2\theta_G(V_1+V_2+V_3)}{\rho} \quad (4.5.4)$$

式中：G——氯化钙用量(kg)；

θ_G——单位体积盐水固体氯化钙含量(kg/m³)；

ρ——固体氯化钙纯度；

V_1——冻结器内盐水体积(m³)；

V_2——干管、集液圈、配液圈及连接管路内的盐水体积(m³)；

V_3——蒸发器和盐水箱内盐水体积(m^3)。

4.5.5 盐水管路设计应符合下列要求：

1 供液管、干管和集、配液圈管径应按盐水流速计算。盐水在冻结器环形空间的流速宜为 0.3 m/s～0.6 m/s，在供液管中的流速宜为 0.6 m/s～1.5 m/s，在干管及集、配液圈中的流速不宜大于 2.0 m/s。

2 盐水干管及集、配液圈可选用普通低碳钢无缝钢管，管壁厚度不宜小于 4.5 mm。

3 当盐水干管管路较长时，应安装伸缩节及截止阀，间距不宜大于 100 m。

4 盐水循环系统安装流量计，可直接监测盐水干管和支管的流量。

4.5.6 盐水泵设计应符合下列要求：

1 盐水泵型号和台数应按盐水循环计算总流量、盐水泵扬程和电机功率确定，配备盐水泵在计算扬程下的总流量不应小于计算流量，并应配置满足设计能力的备用泵。

2 盐水循环计算总流量、盐水泵扬程和电机功率的计算参照本标准附录 K 第 K.0.1 条。

4.5.7 冷却水循环系统设计应符合下列要求：

1 冻结站冷却水总需用量和补充水量可参照本标准附录 K 第 K.0.2 条计算，补充水量的补充能力应大于计算补充水量。

2 冷却塔型号选择和所需台数应综合考虑冷却水总循环量、进出水温度和环境条件等因素确定。

3 宜采用不易结垢冷却水，水温不宜高于 28℃。

4 清水泵型号和数量应根据冷却水计算总需用量确定，水泵扬程宜为 12 m～40 m，并应配置满足设计能力的备用泵。

4.5.8 低温容器及管路保温设计除应符合现行国家标准《工业设备及管道绝热工程设计规范》GB 50264 的要求外，还应符合下列要求：

1 制冷剂循环系统的中压和低压容器、管路和盐水循环系统中的盐水箱、盐水干管、集液圈、配液圈等必须进行保温。
　　2 保温材料应参照本标准第4.3.6条的要求进行设计。
　　3 低温容器、管路的保温层均应铺设防潮层。
4.5.9 冻结站供电应符合现行行业标准《施工现场临时用电安全技术规范》JGJ 46的要求，冻结站供电应按二级用电负荷设计，采用双回路供电或配有备用电源；备用电源可采用发电机，发电机容量应能满足维持冻结工况下的最低负荷，备用电源应能在2h内启用。

4.6 隧道支撑及防护门设计

4.6.1 隧道支撑和防护门的结构形式应结合使用功能要求及隧道管片结构等进行设计，在满足使用功能的前提下，宜兼顾可重复利用。
4.6.2 隧道支撑和防护门设计计算应满足下列要求：
　　1 应选择最不利工况进行承载能力和变形验算。
　　2 隧道支撑每个支点所承受的荷载不应大于管片设计承载力。
　　3 防护门设计应取联络通道处的水土荷载，按水土分算方法计算并考虑突发工况下的动荷载冲击系数，宜取1.4。
4.6.3 隧道支撑设计应满足下列要求：
　　1 隧道支撑可采用多边形支撑、环形支撑或其他形式支撑。
　　2 当采用多边形支撑时，隧道内联络通道预留口应设置不少于2榀隧道支撑，每榀应设置不少于7个支点，均匀地支撑在隧道管片上，支点应避开隧道管片接缝。
　　3 当采用环形支撑时，应根据施工限界等要求，进行针对性设计。
4.6.4 防护门设计应满足下列要求：
　　1 联络通道预留洞口应设置防护门，在联络通道开挖前应安装完成,并经打压试验验收合格。

2 防护门打压宜采用水密性试验,试验压力不应超过防护门耐压值,在连续供压条件下保持设计值不少于 15 min 为合格。

3 防护门宜采用左、右开启方式,开启后不影响联络通道开挖与构筑施工。

4 防护门的大小、安装数量等应结合联络通道的风险等级进行针对性设计。当联络通道位于承压水层或处于复杂环境(江、河及敏感保护对象等)时,防护门应包住钢管片开洞范围,并在双侧隧道内均安装防护门。

4.6.5 位于承压水地层的泵站开挖宜预留防护盖板安装条件,防护盖板设计应根据安装位置的水土荷载进行受力验算。

4.7 初期支护设计

4.7.1 初期支护应进行承载力验算,初期支护所受荷载应结合工程地质、联络通道结构特征、环境条件等因素进行选取,方案设计或工况不明时可取冻结壁所承受地层荷载的 20%～30%。

4.7.2 初期支护设计应符合下列要求:

1 初期支护宜采用"网喷混凝土、型钢支架、木背板、充填层"组成的结构形式(图 4.7.2)。

2 初期支护钢支架可采用型钢制作;当采用工字钢时,不宜小于 16 号。

3 喷射混凝土强度等级不应低于 C25,厚度不宜小于 200 mm;喷射混凝土段长应结合联络通道的工况条件和冻结效果等因素确定,当出现下列情况之一时,宜分段进行喷射混凝土施工:

　1)联络通道位于(微)承压水层。

　2)联络通道长度大于 15 m。

　3)联络通道开挖区附近 3 m 内有特殊变形控制要求的重

要建(构)筑物。

4 木背板厚度可取 30 mm～50 mm。

5 木背板与冻土之间间隙应充填密实,充填材料可采用中粗砂或水泥砂浆。

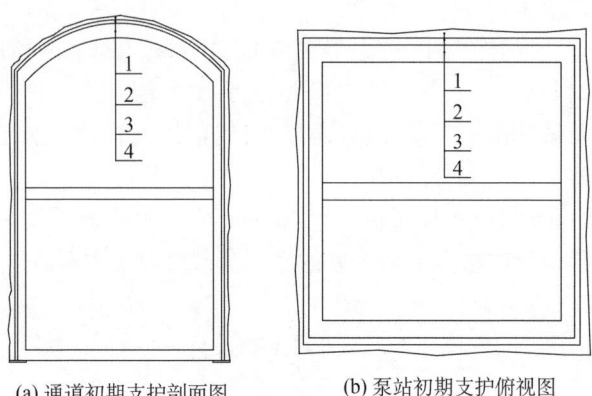

(a) 通道初期支护剖面图　　(b) 泵站初期支护俯视图

1—充填层;2—木背板;3—型钢支架;4—网喷混凝土

图 4.7.2　初期支护形式示意图

4.7.3 型钢支架应为封闭成环支护结构,支架间距宜为 0.4 m～0.8 m,根据受力计算确定。相邻两榀支架之间应采用支撑杆相互连接。

4.8　冻结孔充填与封堵设计

4.8.1 结构施工完成后且冻结壁未化冻之前,应对所有冻结孔进行充填与封堵。

4.8.2 冻结孔充填应符合下列要求:

　　1 冻结管充填前应排干管内盐水。

　　2 冻结管充填长度自管口向孔内不应小于 1.5 m。

　　3 充填材料宜采用强度等级不低于 M10 的水泥砂浆或

C15以上混凝土。

4.8.3 冻结孔封堵应符合下列要求：

1 冻结孔封堵前，应割除隧道管片上的孔口管与冻结管，混凝土管片上割除孔口管或冻结管深度应进入管片不小于60 mm。

2 应结合开孔工艺采取冻结管限位措施，严禁冻结管向隧道内移位。

4.8.4 测温孔、泄压孔、透孔及探孔的充填与封堵措施参照冻结孔封堵相关要求执行。

4.9 充填注浆与融沉注浆设计

4.9.1 完成冻结孔封孔并停止冻结后，应对初期支护与结构之间、初期支护与冻土之间进行充填注浆。充填注浆结束后，应根据地层沉降监测情况及时进行融沉注浆。

4.9.2 注浆管设置应符合下列要求：

1 注浆孔的布孔密度宜为$1个/2 m^2$～$1个/4 m^2$。

2 注浆管规格宜与隧道管片预埋注浆管规格一致。

3 注浆管应设置止水板。

4 注浆管预埋深度以管端接触到冻土层为宜。

4.9.3 充填注浆设计应符合下列要求：

1 充填注浆应在停止冻结后3 d～5 d内进行。

2 注浆材料宜采用单液水泥浆，水灰比宜为0.8∶1～1∶1。

3 注浆压力不应大于静水压力。

4 注浆量以充满联络通道结构层与冻结壁之间空隙为准。

4.9.4 融沉注浆设计应结合冻结壁的解冻方式。当冻结壁采用自然解冻方式时，融沉注浆设计应符合下列要求：

1 融沉注浆应遵循"少量、多点、多次、均匀"的原则。

2 注浆材料可选用水泥-水玻璃双液浆或单液水泥浆，末次注浆宜采用水泥-水玻璃双液浆。

3 水泥-水玻璃双液浆的配比：水泥浆与水玻璃溶液的体积比宜为 1∶1。其中，水泥浆水灰比宜为 0.8∶1～1∶1，水玻璃溶液可采用 B35～B40 水玻璃加 1 倍～2 倍体积的水稀释，波美度可根据设计浆液凝结时间进行调整。

4 单液水泥浆的水灰比宜为 0.8∶1～1∶1。

5 注浆压力值应根据地质条件、注入方式、管片类型、设备性能、浆液特性和隧道埋深等综合确定。

4.9.5 停止融沉注浆应同时满足下列条件：

1 冻结壁已全部融化。

2 注浆量达到按实际冻结帷幕体积和地层特性确定的注浆量，且不小于实际冻土体积的 15%。

3 实测地表竖向位移变化速率连续 2 次小于 0.5 mm/15 d。

4.9.6 注浆孔封堵应符合下列要求：

1 注浆完成后，待浆液强度达到最终强度的 80% 以上时，方可拆除注浆球阀、割除注浆管，并安装球墨铸铁闷盖，扭紧、牢固可靠。

2 孔口宜用微膨胀混凝土填充密实，表面抹平，并对注浆孔位置进行标识。

5 冻结施工

5.1 一般规定

5.1.1 冻结施工前,应复核联络通道与隧道的相对位置关系。
5.1.2 承压水地层中冻结钻孔前,在联络通道开口位置两侧各10环隧道管片壁后应进行注浆加固。
5.1.3 冻结钻孔前,地表、建(构)筑和隧道内变形监测点应布置完毕,且已测量初始值。

5.2 冻结孔、测温孔、泄压孔施工

5.2.1 钻孔施工平台应进行承载力验算,搭设牢固平整,并与隧道管片固定牢固。
5.2.2 冻结孔开孔应符合下列要求:
 1 开孔位置偏差不宜大于 100 mm;开孔间距偏差不应大于 150 mm。
 2 隧道管片上开孔时,应采取二次开孔工艺,即先安装孔口管和阀门后再钻透隧道管片。孔口管安装应符合下列要求:
  1) 孔口管宜采用低碳钢无缝钢管,孔口管内径与冻结管外径差值应满足钻孔工艺要求,管壁厚度不宜小于 4.5 mm。
  2) 钢管片上安装孔口管时,应首先将孔口管焊接固定在钢管片上,并应采用硫铝酸盐微膨胀水泥或混凝土充填钻孔格仓及相邻格仓。钢管片格仓上宜覆盖不小于 10 mm 厚的封堵钢板。封堵钢板宜与管片内表面平齐,并与孔口管外露部分焊接牢固。

  3）混凝土管片上安装孔口管时，一次开孔应预留不少于50 mm 不钻透管片，钻孔直径宜大于孔口管管径2 mm～4 mm。孔口管上加工不小于 200 mm 长的鱼鳞扣。孔口管缠上麻丝插入钻孔内，插入深度不宜小于200 mm，孔口管与隧道管片应牢固固定。

5.2.3 冻结孔施工应符合下列要求：

  1 钻孔施工前，应在孔口管上安装阀门及孔口防喷装置。

  2 冻结孔施工可选用跟管钻进法、夯管法和顶管法等施工方法。在地层沉降控制要求高的地层中宜选用保压钻进。

  3 当采用钻进法施工冻结孔时，在黏土或淤泥等不透水地层中可采用清水钻进；在流砂或粉土层中宜采用泥浆钻进，并根据地层情况调整泥浆配比，防止塌孔。

  4 当冻结孔钻进排出土体体积大于冻结孔体积时，应采用保压钻进工艺进行钻进。若采取措施后，变形仍无法控制，应立即用水泥浆或水泥-水玻璃双液浆进行注浆补偿。注浆压力满足压浆需要且不大于开孔处水土压力的 2 倍，注浆量不应小于流出量的 1.5 倍。

  5 冻结孔施工结束后应采用水泥浆或水泥-水玻璃双液浆封堵冻结管与孔口管、管片之间的环形空间。在确认浆液终凝且孔口管旁通阀无泥水流出后，方可拆除防喷装置和球阀。

  6 拆除防喷装置和球阀后应及时焊接厚度不小于 6 mm 环形钢板封堵孔口管与冻结管之间的环形空间，环形钢板不得覆盖法兰孔。环形钢板与冻结管外壁及孔口管法兰均应焊接牢固，满足密封要求。

5.2.4 当设置透孔时，应先施工透孔，验证隧道管片上预留洞门的相对位置、地质及水文情况。在砂性含水地层施工透孔时，在透孔穿透对侧管片前，应在准确判断透孔接收位置和角度的基础上设置密封接收装置。

5.2.5 施工冻结孔时,宜采用下列措施控制冻结孔成孔间距:

1 开孔孔位、角度应准确。

2 钻孔施工过程中,钻杆或冻结管的方位和倾角应反复校核,及时纠偏。

3 冻结孔成孔间距不满足设计要求时,可采取补孔或延长冻结时间的方法。

5.2.6 冻结孔施工完毕后应及时测斜,并应符合下列要求:

1 对于孔深不大于 25 m 的冻结孔,可采用经纬仪灯光测斜;对于孔深大于 25 m 的冻结孔,宜采用陀螺仪测斜。

2 应绘制实际孔位图、成孔偏斜图和预计冻结壁交圈图。

5.2.7 测温孔施工应符合下列要求:

1 测温孔宜在冻结孔施工结束后施工,并根据冻结孔的实际测斜成果,确定测温孔的位置、角度和深度。

2 测温孔施工及测斜技术要求同冻结孔。

5.2.8 当泄压孔位于黏土地层时,宜布设花管;当泄压孔位于砂性含水地层时,不宜布设花管,但应将地层与孔口压力监测装置连通。

5.2.9 在全部冻结孔验收合格后,方可拆除钻孔施工设备。

5.3 冻结管、测温管、泄压管施工

5.3.1 采用跟管钻进时,冻结管管壁厚度不宜小于 8 mm;采用夯管时,冻结管管壁厚度不宜小于 6 mm。

5.3.2 冻结管接头应符合下列要求:

1 采用跟管钻进法施工时,宜采用螺纹及接口对焊连接;采用夯管钻进法施工时,宜采用内衬管及接口对焊连接。冻结管接头强度不宜小于母管强度的 80%。

2 冻结管配管时,接头宜避开管片及其附近 300 mm 范围,相邻冻结管的接头宜错开。

3 内衬管材质应与冻结管材一致,冻结管管端宜打坡口,选

用焊条应与管材材质相匹配，焊缝应饱满且与管外壁齐平。冻结管焊接后，应先冷却，再下入地层。

4 冻结管连接应顺直，保证其同心度。

5.3.3 冻结管下入地层深度不应小于设计深度或与隧道管片相接，不宜大于设计深度 0.5 m。冻结管管口露出孔口管不宜小于 100 mm。

5.3.4 施工完成后的冻结管应做好保护，管内不得留有杂物。

5.3.5 冻结管下入地层后应进行水压试验。试验压力为冻结工作面盐水压力的 1.5 倍～2 倍，且不宜低于 0.8 MPa。经试压 30 min 压力下降不应超过 0.05 MPa，再延续 15 min 压力保持不变为合格。冻结管试压不合格时，应进行处理，合格后方可使用。

5.3.6 冻结管发生渗漏时，应采取下列措施进行处理：

1 冻结管发生渗漏时，宜采用在漏管中下入小直径冻结管的方法处理。小直径冻结管管壁厚度宜为 3 mm～4 mm，可采用直接对焊连接。采用小直径冻结管的冻结孔数不应多于冻结孔总数的 5%，且相邻冻结管下放套管时应加设管道泵确保流量满足设计要求；流量不满足设计要求时应补孔。小直径冻结管下放深度和耐压要求应与冻结管相同。

2 渗漏的冻结管下套管后水压试验仍不能满足第 5.3.5 条要求时，应补孔。

5.3.7 测温管管材宜采用钢管，质量符合设计要求。测温管规格应方便安装测点。

5.3.8 泄压管管口应安装压力表和控制阀门，压力表的精度应达到±0.02MPa。

5.4 冻结器安装

5.4.1 冻结器安装之前，应绘制冻结管串、并联分组连接图，每组串联长度应基本一致。

5.4.2 供液管下入冻结管时应连接牢固、严密；供液管底端与冻结管底端应预留 100 mm～150 mm 的间隙。

5.4.3 冻结器与集、配液圈之间宜采用高压软管连接，连接应牢固并有防脱落措施；高压软管的工况耐压值应大于工作压力的 1.2 倍；在冻结器与集、配液圈之间的连接管路上应安装控制阀门和温度测点。

5.4.4 采用聚乙烯增强塑料管作为供液管时，宜采用整根塑料管。

5.4.5 集、配液圈的每一组去、回路接口均应安装阀门，回路应安装温度测点。

5.5 冷排管安装

5.5.1 冷排管的加工与制作应符合现行国家标准《工业金属管道工程施工规范》GB 50235 和《钢结构设计标准》GB 50017 的要求。当冷排管采用沿管片内表面环形敷设时，其弯曲半径应与衬砌圆环内径一致，弯管外表面不得有裂纹、过烧、分层等缺陷。

5.5.2 冷排管应紧贴管片内表面固定安装，管片与冷排管之间的间隙不大于 5 mm，并宜用黏土或水泥砂浆密实充填、覆盖。

5.5.3 冷排管各管段之间宜用钢制弯头连接，冷排管与集、配液圈之间宜用软管连接。

5.5.4 冷排管不宜与冻结管串联。

5.6 冻结站位置及安装

5.6.1 冻结站可设置在地铁车站地面广场、地下站层或联络通道附近的隧道内。冻结站设置在地面时，应避免阳光直晒，并应做好防雨、防雷、防汛等相关措施。

5.6.2 冻结站厂房防火应符合现行国家标准《建筑设计防火规范》GB 50016 的要求。

5.6.3 冻结站应通风良好,通风条件不能满足设备降温需求时可安装轴流风机强制通风或将冷却塔外置于通风处。

5.6.4 冻结站制冷设备、盐水泵、清水泵及管路系统的安装,应符合现行国家标准《制冷设备、空气分离设备安装工程施工及验收规范》GB 50274、《机械设备安装工程施工及验收通用规范》GB 50231及《工业金属管道工程施工规范》GB 50235的要求。配电系统安装及调试应符合现行国家标准《电气装置安装工程盘、柜及二次回路接线施工验收规范》GB 50171的要求。

5.6.5 当冻结站设置在隧道内时,应避免热风贯通冻结工作面,并统筹好冷冻站与开挖时出土运输的关系。

5.6.6 盐水循环系统最高部位应设置排气阀,盐水箱应安设盐水液位监测及预警系统。

5.6.7 盐水干管及冷却水管路上应布设温度、压力及流量测点,温度测点应布置在管道截面中心位置。

5.6.8 冻结站制冷剂循环系统、盐水干管和集、配液圈应进行密封性试验,且应符合下列要求:

    1 浮球阀、液面指示器、安全阀等安装前应进行灵敏性检测。

    2 盐水管路系统必须进行水压试验,试验压力不应小于冻结工作面盐水压力的1.5倍,并应持续1h压力不下降。

    3 冷冻机充制冷剂前,制冷系统各部位必须进行试漏检验,各部位试漏压力应符合表5.6.8及设备说明书的要求。

表5.6.8 试漏压力

部位	高压系统	低压系统
试压表压力(MPa)	1.6～1.8	1.2

5.7 冻结站运转

5.7.1 冻结站正式运转前各系统应符合下列要求:

1 冻结站内灭火器材、防雷装置、电器接地等安全设施应齐全。冷冻机油、冷冻机易损件和制冷剂均应有一定备用量。

2 冷却水、盐水系统试运转正常后可加注制冷剂。加注制冷剂时，制冷系统压力控制范围应为 0.2 MPa～0.3 MPa。

5.7.2 冻结站运转应符合下列要求：

1 制冷剂、盐水、冷却水循环系统应正常运转，盐水温度下降过程应符合本标准第 4.3.4 条的相关要求，各冻结孔分组流量、回水温度应均匀，冻结器端部及胶管结霜宜均匀。

2 制冷剂冷凝压力和蒸发压力应与冷却水温度、盐水温度相对应。

5.7.3 冻结站运转记录应包括下列内容：

1 冷冻机及其辅助设备的温度、压力、流量、液位、电流、电压等参数，制冷剂加注量及润滑油加油量的记录。

2 盐水去回路温度、盐水循环泵泵压、盐水箱液位、盐水比重、冷却水进回水温度、冷却水循环泵泵压，以及其他冻结系统监测数据。

3 冻结器头部胶管结霜及盐水管路积气排放等情况。

4 盐水漏失及处理、冻结系统设备故障及处理，以及其他影响冻结施工安全、质量的重要事项。

5.8 冻结壁检测与判断

5.8.1 冻结壁的安全状况应结合多种指标进行综合分析判断，包括冻结壁有效厚度、平均温度、冻土与结构交界面温度、泄压孔情况、探孔温度以及冻结壁开挖边界温度与变形量等。

5.8.2 测温管内测点布置应符合下列要求：

1 应至少在测温管底部及冻结壁与隧道管片界面处布置温度测点。

2 冻结壁与隧道管片界面处的温度测点深入管片后不得大

于 100 mm。

3 测温管内安装测温电缆和测温元件后,管口应进行封闭和保护,防止外界空气流动影响测温元件数据可靠性及电缆被移位、损坏。

5.8.3 冻结施工温度监测宜采用数字化自动测温系统,可用热电偶、电子点温计、玻璃温度计等测温元件和仪器;测温元件和仪器应经过标定,测量精度应达到±0.5℃。

5.8.4 在冻结前,应采集地层温度初始值。从开始冻结至开挖,所有温度测点每隔 12 h～24 h 观测不应少于 1 次;在开挖和结构施工期间,所有测点每隔 4 h～12 h 观测不应少于 1 次;异常情况下应加密监测次数。

5.8.5 泄压管监测应符合下列要求:

1 在冻结站运转前,应将泄压孔检测的地层初始压力与泄压孔附近地层水文勘察资料相比较,判断泄压管的畅通性;若发现异常,应查明原因,并及时进行处理。

2 冻结站运转后,应每隔 12 h～24 h 观测 1 次地层压力;压力开始上涨后,应对泄压孔压力进行实时监测。

3 泄压孔压力上涨超过初始压力 0.2 MPa 时应及时泄压;开挖前,泄压孔压力上涨时间应超过 7 d,且打开泄压孔 24 h 以上无持续泥水流出。

4 在积极冻结期间,若泄压孔压力无上涨,应分析排查原因,并采取针对性措施。

5.8.6 探孔的布设应符合下列要求:

1 冻结壁内侧应设置探孔,每侧隧道内不少于 2 个;对冻结器供冷发生异常或冻结效果难以确定的部位应增布探孔。

2 探孔进入土层深度不小于 0.5 m。

3 打设探孔应按照钻孔施工要求,采取防喷涌等安全措施。

5.9 停冻与冻结站拆除

5.9.1 在开挖期间不得擅自停止冻结器供冷。若需停止个别冻结孔供冷,应分析停冻对冻结壁整体稳定性的影响,并采取必要的安全质量保证措施。

5.9.2 联络通道主体结构施工完成后,可停止冻结。冻结范围含承压水地层时,应逐组停冻、割管、封孔。

5.9.3 冻结站拆除时,宜回收盐水;未经无害化处理的盐水严禁排放。

5.9.4 拆除设备、管路应有技术措施,设备、容器应清洗、防腐后入库。

6 开挖与构筑施工

6.1 一般规定

6.1.1 联络通道开挖前应对冻结壁形成效果进行专项验收,内容包括盐水去回路温差、测温孔测温数据分析、冻结壁有效厚度和平均温度、泄压孔压力、探孔(或探窗)土体稳定性及测温数据等,并形成验收意见。

6.1.2 开挖与构筑施工前应对人员、材料、设备、应急物资等进行检查及验收,验收合格并履行审批程序后,方可进行联络通道开挖和构筑施工。

6.1.3 在开挖过程中,应检测开挖边界冻土温度和冻结壁的收敛数据,每个掘砌循环检测应不少于1次。

6.2 隧道支撑和防护门安装

6.2.1 冻结壁交圈前,应安装隧道支撑。隧道支撑安装应符合下列要求:

1 隧道支撑应分别安装在预留洞门中心两侧的第二环隧道管片中心。隧道支撑安装偏离隧道管片中心不宜大于 20 mm。

2 隧道支撑安装完毕后,通过千斤顶预施加力,每个千斤顶的顶力应大于 0 kN,且不应大于 100 kN;各个千斤顶的顶力应均匀。

3 各个千斤顶的顶力应根据实测隧道收敛变形进行调整。

4 千斤顶顶力达到设计最大值后隧道仍继续变形时,应采取其他加固措施。

6.2.2 开挖前,应在开挖侧通道预留洞门上安装应急防护门。防护门安装应满足下列要求:

1 应制定并落实防护门安装专项安全技术措施。

2 防护门所需紧固螺栓、扳手等配件及操作工具应齐备,并应定期检查,且紧靠防护门放置。现场应预备不少于2根支撑杆,并满足防护门关闭时快速支撑要求。

3 开挖构筑施工过程中,应避免防护门前堆放渣土或杂物,保持防护门可以自由开启或闭合。

4 通道初期支护完成后可拆除防护门。当联络通道位于承压水层时,在主体结构全部完成后方可拆除。

6.2.3 冻结设计有泵站防护盖板时,泵站开挖前应进行泵站防护盖板安装预演。

6.3 开挖准备

6.3.1 开挖前应具备下列资料:

1 地层检查孔报告及地层剖面图。

2 冻结效果分析资料,内容包括冻结孔和测温孔施工及验收资料、冻结站运转记录、盐水温度、盐水流量、测温孔温度、泄压孔压力和泄压情况、冻结壁有效厚度、平均温度、冻结壁与隧道管片交界面温度、关键部位冻结帷幕交圈图等施工记录及图表。

3 工程监测报告。

4 联络通道施工图。

5 经审批的施工组织设计、安全技术措施及应急预案。

6.3.2 开挖前应具备下列条件:

1 冻结壁有效厚度、平均温度达到设计要求。

2 积极冻结时间、盐水温度、盐水流量、去回路盐水温差等参数达到本标准要求和设计要求。

3 探孔内无持续的泥水流出;两侧隧道内均应布置探孔。

4 泄压孔应符合本标准第5.8.5条第3款的相关要求。

5 本标准第6.3.1条所列的全部资料齐全。

6 冷冻机等机电设备及电源完好,冻结系统运转正常。有足够的备用设备和备品备件。

7 隧道支撑和防护门按设计要求安装完成且通过验收。

8 位于承压水层的联络通道,在联络通道中心前、后各第5环管片预留注浆孔上宜安装应急注浆球阀,安装位置和数量根据地层和预留注浆孔位置等因素确定。

9 应急预案已落实;应急设备和物资全部到位,并通过验收。其他开挖相关准备工作已完成。

6.4 开挖与初期支护施工

6.4.1 联络通道施工应采取短段掘砌施工的作业方法,随挖随支,严格控制冻结壁温度升高和变形。

6.4.2 开挖循环进尺宜与设计初期支护型钢支架步距一致。联络通道开挖可采取全断面开挖方式,开挖面土体难以自立时可分台阶或放坡。最大空帮距不宜大于掘进段长、单榀钢支架宽度以及200 mm之和。

6.4.3 开挖断面尺寸应满足设计要求,通道开挖中心线偏差不应大于20 mm,且单侧超挖不应大于30 mm。

6.4.4 冻结壁暴露时间应控制在24 h内。

6.4.5 开挖施工顺序应符合下列要求:

1 泵站应在通道结构施工完成后开挖。

2 通道施工应采用如下顺序:开洞门→通道开挖和初期支护→喇叭口开挖和初期支护→隧道钢管片拆除→外防水施工→钢筋绑扎、预埋件安设和立模→混凝土浇筑。工程位于承压水层时,防护门应在全部结构施工完成后拆除。

3 泵站施工应采用如下顺序:开挖和初期支护→外防水施

工→钢筋绑扎、预埋件安设和立模→混凝土浇筑。

  4 开挖区内的冻结管应尽量保留；若要割除，应确保整个冻结壁的安全。

6.4.6 型钢支架制作应符合现行国家标准《钢结构设计标准》GB 50017的要求。型钢支架安装的垂直度偏差不应大于20 mm，标高偏差不应大于20 mm，支架轴线偏差不应大于20 mm，相邻支架间距偏差不应大于30 mm，同一架支架横梁两端水平高差不应大于20 mm，相邻支架间应连接牢固。

6.4.7 初期支护木背板厚度误差不应大于5 mm，背板间隙不应大于10 mm，背板搭接钢支架长度不应小于30 mm。

6.4.8 喷射混凝土宜采用湿喷法。喷射混凝土强度等级应符合设计要求，厚度偏差不应大于20 mm。

6.4.9 泵站排水管安装前，应按设计要求开挖冻土，严禁超挖。排水管安放应顺直，混凝土浇筑前应将排水管压盖压实。排水管周围混凝土保护层厚度不应小于150 mm。

6.5 防水施工

6.5.1 防水层应在初期支护施工完成，经隐蔽检查合格后进行施工。防水施工应符合现行国家标准《地下工程防水技术规范》GB 50108、《地下防水工程质量验收规范》GB 50208的要求。

6.5.2 防水层的施工基面应达到强度要求，且平整、无明水。应清除疏松结构、油脂和其他妨碍基层与防水层粘结的物质。

6.5.3 防水层的缓冲层应沿联络通道环向由拱顶向两侧依次铺贴平顺，并与基面固定牢固，其长、短边搭接长度均不应小于50 mm。

6.5.4 防水层铺贴应符合下列要求：

  1 卷材应沿联络通道环向由拱顶向两侧依次铺贴，其长、短边搭接长度均不应小于100 mm。

2 相邻两幅卷材接缝应错开,错开位置距结构转角处不应小于 600 mm。

3 卷材应附于缓冲层上,并固定牢固,不得渗漏水。

6.6 结构施工

6.6.1 联络通道结构施工应符合设计要求及现行国家标准《混凝土结构工程施工质量验收规范》GB 50204 的要求。

6.6.2 结构混凝土与隧道管片接触部位应按设计要求施工锚筋,且纵筋与隧道管片应按设计要求锚固连接。

6.6.3 在钢筋加工弯制前,应进行调直,钢筋表面的油渍、铁锈等应清除干净。钢筋加工应采用冷加工。

6.6.4 横向钢筋与纵向钢筋的每个节点均应进行绑扎或焊接,钢筋焊接搭接长度及焊缝应满足设计和规范要求。安装钢筋时,钢筋长度、间距、位置、保护层厚度应满足设计要求。

6.6.5 联络通道结构施工宜采用钢模板,模板及支架必须具有足够的强度、刚度和稳定性。

6.6.6 模板安装前,应仔细检查防水板、排水管、衬砌钢筋、预埋件等隐蔽工程,并做好记录。安装模板时,应检查中线、高程、断面和净空尺寸。

6.6.7 混凝土初凝时间应根据施工工序安排和混凝土运输方式等情况确定。

6.6.8 通道拱部混凝土浇筑应采取压入式浇筑,在联络通道两侧喇叭口位置均设浇筑口,采用振捣棒内部振捣和振动平板外部振捣相结合方式,分段连续浇筑。

6.6.9 泵站开挖前,通道段结构混凝土应浇筑完毕,且在不拆除模板的条件下养护不宜少于 48 h。

6.7 冻结孔充填与封堵

6.7.1 结构施工完成停冻后,应尽快割除隧道管片上的孔口管与冻结管。在承压水地层中,应分组停冻、割管,并完成冻结孔的充填与封堵。

6.7.2 混凝土管片孔口管割除部位应焊接 12 mm 厚钢板,孔内设置不少于 2 个膨胀螺丝。

6.7.3 钢管片孔口管割除部位应焊接钢板,按设计要求进行格仓封堵并在表面焊接钢板,焊缝应饱满、密实。

6.7.4 冻结孔封堵前,应先进行测温孔的充填与封堵,可参照冻结孔封堵措施执行。

6.7.5 冻结孔充填和封堵应有原始记录,并留有影像资料。

6.8 充填注浆与融沉注浆

6.8.1 充填注浆前,应找出所有结构层中预埋的注浆管,进行编号,并安装阀门。融沉注浆可利用隧道预留注浆孔,安装好外接密封球阀后,方可开透管片结构层。

6.8.2 充填注浆采取自下而上的顺序进行,当上一层注浆孔连续返浆后可停止下一层注浆,直至注到拱顶结束。

6.8.3 融沉注浆设备宜采用双液注浆泵,注浆泵应配备压力表、流量计等量测仪表,注浆流量宜不大于 70 L/min。

6.8.4 可根据地表沉降监测和温度场监测结果,适当调整融沉注浆参数;当在设计压力下注浆有困难时,可根据实际情况调整注浆压力,但稳定后的注浆压力不应大于设计值。

6.8.5 融沉注浆若采用强制解冻,宜分区、对称进行,并应在解冻的同时进行跟踪注浆。强制解冻时应加强对周围环境及冻结壁的监控。

6.8.6 强制解冻宜采用在冻结器中循环热水的方式。热水温度宜控制在40℃～70℃。

6.8.7 注浆过程中应填写注浆记录表。融沉注浆结束后,割除露出结构表面的注浆管,采取可靠措施进行充填封闭,并做好标记。

7 施工监测

7.1 一般规定

7.1.1 在联络通道施工期间,应对施工影响范围内的隧道管片、地下管线、邻近建(构)筑物及地表的变形进行监测。

7.1.2 监测方案宜根据设计文件、岩土工程勘察报告、周边环境情况及施工方案等资料,在现场踏勘后进行编制。监测方案应经有关方面批准后方可实施。

7.1.3 监测工作应采用仪器监测与现场巡查相结合的方法实施。当周边环境保护要求较高或常规监测方法无法满足要求时,可采用自动化监测。

7.1.4 监测单位应对监测数据和现场巡查情况分析整理,提供的数据应正确、可靠,并按规定周期提交监测报表;当监测值达到报警值时,应立即发出报警通知。

7.2 监测内容

7.2.1 联络通道施工隧道结构及周围环境监测项目应根据表7.2.1确定。

表7.2.1 联络通道施工监测项目

序号	监测对象	监测项目	
1	邻近隧道结构	隧道结构竖向位移	√
2		隧道结构净空收敛	√
3	地表	地表竖向位移	√

续表7.2.1

序号	监测对象	监测项目	
4	地下管线	地下管线竖向位移	√
5	建(构)筑物	建(构)筑物竖向位移	√
6		建(构)筑物倾斜	○

注:"√"为应测项目;"○"为选测项目。

7.2.2 冻结站运转、冻结壁等监测内容应满足本标准第5.7、5.8节的相关要求。

7.2.3 对于风险较大的联络通道监测内容应满足设计等相关要求。

7.3 监测要求

7.3.1 联络通道的施工监测范围应符合下列要求:

1 隧道管片变形监测范围不应小于联络通道两侧隧道管片各50 m。

2 周边环境变形监测范围不应小于联络通道中心埋深的1.5倍范围。

7.3.2 联络通道施工期间监测点的布设应符合下列要求:

1 地表剖面变形监测应沿隧道纵向布设监测剖面,布点间距及监测点布设方式宜按图7.3.2要求执行。在地面布设深层监测点时,应穿透路面结构硬壳层,埋设进入原状土600 mm以上的沉降标杆。

2 隧道竖向位移监测点宜先密后疏布置,应在联络通道中心线对应钢管片的拱底位置布设1个测点,联络通道中心线两侧10环范围内每2环应布设1个测点,10环范围外每4环应布设1个测点,监测点宜按环号进行编号。

3 隧道收敛监测点应在联络通道两侧第一个混凝土管片上布设1个断面,然后在联络通道中心线两侧10环范围内每2环布设1个断面,10环范围外每4环布设1个断面,监测点宜按环号进行编号。

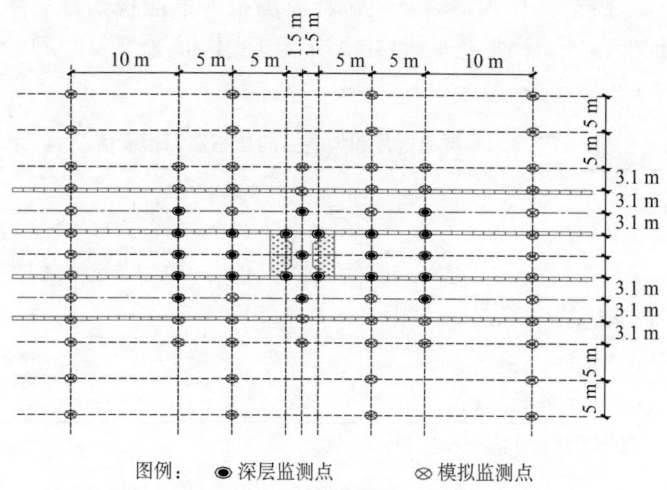

图例： ● 深层监测点　⊗ 模拟监测点

图 7.3.2　联络通道施工地表变形监测点布置平面图

7.3.3　隧道变形及周边环境监测点应在施工开始前连续采集3次稳定的数据取平均值作为初始值。施工监测频率宜按表 7.3.3 确定，可根据监测数据变化幅度进行适当调整。

表 7.3.3　监测频率

监测内容	监测频率				
	钻孔期间	冻结期间	开挖	融沉注浆	
				自然解冻	强制解冻
地下管线竖向位移监测	1次/2天	1次/3天	1次/天	前3个月1次/(2~5)天；第4,5月1次/(5~10)天；第6个月至停测1次/(10~15)天	第1个月1次/1天；第2个月至停测1次/(10~15)天
邻近建(构)筑物竖向位移监测	1次/2天	1次/3天	1次/天		
地表剖面竖向位移监测	1次/2天	1次/3天	1次/天		
隧道竖向位移监测	1次/天	1次/2天	1次/天		
收敛监测	1次/天	1次/2天	1次/天		

7.3.4 隧道管片和地表竖向位移监测报警值应根据地质条件、设计参数及当地经验确定；当无具体报警值时，可参照表7.3.4确定。

表7.3.4 隧道管片和地表竖向位移监测报警值

监测内容	监测报警值				
	变化速率(mm/d)				累计值(mm)
	钻孔期间	冻结期间	开挖	融沉注浆	
隧道竖向位移监测	±1	±1.5	±2	±1	±10
收敛监测	±2				3‰D
地表竖向位移监测	±2				－30～＋10

注：D为隧道结构外径(mm)。

7.3.5 联络通道施工影响范围内的地下管线监测报警值应在调查分析管线功能、材质、工作压力、铺设年代等的基础上，结合工程经验综合确定。当无具体要求时，可参照表7.3.5确定。

表7.3.5 地下管线监测报警值

监测对象	项目	日报警值(mm/d)	累计报警值(mm)
刚性管线	压力管	±2	±10
	非压力管	±2～±3	
柔性管线		±3～±5	

7.3.6 建（构）筑物竖向位移的累计报警值应根据建（构）筑物对变形的适应能力确定，并符合相关标准中关于倾斜控制的要求。

7.3.7 联络通道监测应从钻孔施工前开始持续至融沉注浆结束后6个月，且地表竖向位移变化速率连续2次小于0.5mm/15d、建（构）筑物变形满足现行行业标准《建筑变形测量规范》JGJ 8要求时，可停止监测。

8 验 收

8.1 一般规定

8.1.1 联络通道的施工验收分为冻结工程和结构工程两个分部工程验收。

8.1.2 冻结分部工程验收应对冻结孔、冻结管、冻结系统、冻结效果、封孔及融沉注浆等分项工程进行质量验收。结构分部工程验收应对开挖与初期支护、防水、结构等分项工程进行质量验收。分项工程的质量验收划分为主控项目和一般项目两类，前道工序分项工程验收合格后，再转入下一道分项工程。

8.1.3 分项工程质量验收应符合下列要求：

    1 主控项目的质量应达到100%合格要求。

    2 一般项目的质量合格率应达到85%，不合格项不得影响安全使用。

8.1.4 分部工程质量验收合格应符合下列要求：

    1 所有分项工程的质量均应验收合格。

    2 质量控制资料应完整。

    3 观感质量验收应符合要求。

8.1.5 工程验收应执行下列程序：

    1 施工单位应对每一工序的工程质量进行自检，并做好施工质量自检记录。

    2 隐蔽工程应由施工单位通知有关单位进行验收，并应形成验收文件。

    3 分项工程应由监理工程师（建设单位代表）组织相关单位进行验收。

4 分部工程完工后,施工单位应进行自检。合格后提交工程竣工验收报告,由建设单位负责组织验收。

8.1.6 当分项工程验收不合格时,应按下列要求处理:

1 经返工重做的分项工程,应重新进行验收。

2 经有资质的检测机构检测鉴定达不到设计要求,但经原设计单位核算认可能够满足安全和使用功能的分项工程,可予以验收。

3 经返修或加固处理,虽然改变了外形尺寸但仍能满足安全使用要求的,可按技术处理方案或协商文件进行验收。

8.1.7 通过返修或加固处理,经安全评价后仍不能满足安全使用要求的分项工程,严禁验收。

8.2 冻结孔、测温孔、泄压孔的验收

Ⅰ 主控项目

8.2.1 冻结孔、测温孔深度不应小于设计深度,且不宜大于设计深度 0.5 m。

检查数量:全数检查。

检验方法:根据现场每次钻杆加尺记录,统计核算;采用带有长度刻度的测管进行量测。

8.2.2 冻结孔的成孔间距应满足设计要求。

检查数量:全数检查。

检验方法:现场实测。

8.2.3 冻结孔的检验批质量验收可按本标准附录 A 记录。

Ⅱ 一般项目

8.2.4 冻结孔、测温孔开孔位置偏差不应大于 100 mm,开孔间距偏差不应大于 150 mm。

检查数量:全数检查。

检验方法:现场量测。

8.2.5 冻结孔、测温孔偏斜应满足设计文件及本标准表4.4.1要求。

检查数量:全数检查。

检验方法:现场实测。

8.2.6 泄压孔结构、位置及深度应符合设计要求。

检查数量:全数检查。

检验方法:检查泄压孔施工记录。

8.2.7 孔口管及孔口防喷装置的安装应符合设计文件及本标准要求。

检查数量:全数检查。

检验方法:现场观察。

8.2.8 若排出土体体积大于冻结孔体积,在该冻结孔施工完毕后,应立即注入不小于1.5倍流出量的水泥浆或水泥-水玻璃双液浆。

检查数量:全数检查。

检验方法:检查注浆施工记录。

8.3 冻结管、测温管、泄压管的验收

Ⅰ 主控项目

8.3.1 冻结管、测温管、泄压管材质应符合设计文件及本标准第4.4.8条第1款要求。

检查数量:全数检查。

检验方法:检查冻结管质量证明;现场实测冻结管规格相关尺寸。

8.3.2 冻结管、测温管、下入地层深度不应小于设计深度,且不宜大于设计深度0.5m。

检查数量:全数检查。

检验方法:通过现场实测检验。

8.3.3 冻结管试验压力应为冻结工作面盐水压力的 1.5 倍～2 倍,且不宜低于 0.80 MPa。经试压 30 min 压力下降不应超过 0.05 MPa,再延续 15 min 压力保持不变为合格。

检查数量:全数检查。

检验方法:通过现场打压检验。

8.3.4 泄压管下放深度应符合设计要求,应能正常监测压力变化情况。

检查数量:全数检查。

检验方法:检查泄压管施工记录;检查压力表监测记录。

8.3.5 冻结管的检验批质量验收可按本标准附录 B 记录。

8.4 冻结系统质量验收

Ⅰ 主控项目

8.4.1 冻结站的制冷系统、冷却水循环系统、盐水系统的设备功率、数量和安装质量应符合设计文件要求。

检查数量:全数检查。

检验方法:检查产品说明书、出厂合格证、安装质量验收报告。

8.4.2 制冷剂、盐水、冷却水循环系统温度、流量、压力应符合本标准要求。

检查数量:全数检查。

检验方法:检查打压记录及运行过程中的巡查记录。

8.4.3 供液管材质和规格应符合设计文件及本标准第 4.4.8 条要求。

检查数量:全部供液管。

检验方法:检查供液管下放记录,并抽查不少于 10% 进行现场实测。

8.4.4 盐水管路系统试验压力不应小于冻结工作面盐水压力的1.5倍,并应持续1 h压力不下降。

检查数量:整个冻结系统。

检验方法:现场实测。

8.4.5 冻结系统检验批质量验收可按本标准附录C记录。

8.5 开挖条件验收

Ⅰ 主控项目

8.5.1 开挖前的准备项目应符合本标准第6.3节要求。
检查数量:逐项检查。
检验方法:现场查看记录。

8.5.2 测温孔监测应符合设计文件及本标准要求。
检查数量:全部测温孔。
检验方法:现场查看、测量、记录。

8.5.3 泄压孔监测应符合设计文件及本标准要求。
检查数量:全部泄压孔。
检验方法:现场查看、测量、记录。

8.5.4 联络通道开挖前检验批质量验收可按本标准附录F记录。

Ⅱ 一般项目

8.5.5 测定冻结壁与隧道管片界面温度测点布置应符合设计文件及本标准第5.8.2条第2款要求。
检查数量:全部测温孔
检验方法:现场查看、测量、记录。

8.5.6 泄压孔孔径、压力表安装等应符合设计文件及本标准第5.8.5条第2款要求。

检查数量：全部泄压孔。

检验方法：现场查看、测量、记录。

8.5.7 验收资料应准备齐全，应编制开挖条件验收报告并经相关部门批复。

检查数量：逐项检查。

检验方法：审核上报资料。

8.6 开挖与初期支护质量验收

Ⅰ 主控项目

8.6.1 土方开挖质量控制应符合本标准第6.4.3条要求。

检查数量：逐项检查。

检验方法：现场查看测量记录。

8.6.2 初期支护质量控制应符合本标准第6.4.7条要求。

检查数量：逐项检查。

检验方法：现场查看测量记录。

8.6.3 联络通道开挖与支护的检验批质量验收可按本标准附录G记录。

Ⅱ 一般项目

8.6.4 冻结壁暴露时间应控制在24 h内。

检查数量：每循环一个检查点，并做好工序验收记录；中间验收时每3 m一个检查点抽查，但不应少于3个检查点。

检验方法：抽查工序验收记录。

8.6.5 冻结壁暴露面最大变形不应大于30 mm。

检验数量：每循环一个检查点，并做好工序验收记录；中间验收时每3 m一个检查点抽查，但不应少于3个检查点。

检验方法：挂线尺量检查。

8.7 防水工程验收

Ⅰ 主控项目

8.7.1 防水材料、防水层的材质、规格、型号应符合设计文件要求。

检查数量:全数检查。

检验方法:检查防水材料质量证明。

8.7.2 防水层短边和长边的搭接宽度均不应小于 100 mm。

检查数量:全数检查。

检验方法:观察和尺量检查。

8.7.3 防水层施工应符合设计文件要求。

检查数量:全数检查。

检验方法:现场检查防水层完整性、表面有无破损情况。

8.8 结构工程验收

Ⅰ 主控项目

8.8.1 模板的材质、结构、强度、规格、刚度必须符合设计、施工方案及有关规范的要求。

检查数量:按批检查。

检验方法:对照设计、规范的要求进行检查。由施工单位自行设计、加工的非定型模板,应在出厂前进行整体组装、调试、检测,由监理单位组织检查验收。

8.8.2 采用组合模板,组装规格尺寸应符合设计要求,其允许偏差为:净宽+10 mm～+30 mm;净高+10 mm～+30 mm。

检查数量:每 3 m 检查 1 个点。

检验方法:尺量检查。

8.8.3 立模前,钢筋隐蔽工程应进行钢筋隐蔽工程验收,其内容包括:

    1 纵向、横向钢筋的品种、规格、数量、位置等。

    2 钢筋的连接方式、接头位置、接头数量、接头面积百分率等。

    3 箍筋的品种、规格、数量、间距等。

    4 预埋件的规格、数量、位置等。

    检验方法:检查钢筋隐蔽验收记录。

8.8.4 混凝土强度及抗渗等级应符合设计要求。

    检查数量:按每批次连续浇筑现场取样1组试块,总体不少于3组试块。

    检验方法:检查混凝土试验报告及混凝土抗渗试验报告。

8.8.5 钢筋混凝土工程的净宽、净高的允许偏差应符合设计要求。

    检查数量:每3m检查1个点,但不少于3个检查点。

    检验方法:挂线尺量检查。

8.8.6 混凝土壁厚应符合设计要求,其允许偏差为0～+30 mm。

    检查数量:每3m检查1个点,但不少于3个检查点。

    检验方法:抽查模板分项工程验收记录。

8.8.7 混凝土结构表面应无明显裂缝、蜂窝、孔洞等不超过保护层厚度。

    检查数量:每3m检查1个点,但不少于3个检查点。

    检验方法:现场实查。

8.8.8 联络通道建成后表面可有少量偶见湿渍但不允许滴水。

    检查数量:全数检查。

    检验方法:现场观察。

8.8.9 联络通道结构工程的检验批质量验收可按本标准附录H记录。

Ⅱ 一般项目

8.8.10 施工缝的位置应在混凝土浇筑前按设计要求和施工技术方案确定。施工缝的处理应按施工技术方案执行。

检查数量:全数检查。

检验方法:观察,检查施工记录。

8.9 封孔、融沉注浆验收

Ⅰ 主控项目

8.9.1 隧道管片上割除孔口管或冻结管深度应进入混凝土管片不小于 60 mm。

检查数量:全数检查,分项验收时抽查总数不少于 20%。

检验方法:现场尺量检查。

8.9.2 冻结孔充填的长度应不小于 1.5 m。

检查数量:全数检查,分项验收时抽查总数不少于 20%。

检验方法:检查施工记录。

8.9.3 注浆浆液质量应符合设计要求。

检验方法:检查原材料合格证或质保单和浆液性能试验记录。

8.9.4 钢管片腔体填充前孔口管焊接质量应符合设计要求。

检查数量:全数检查。

检验方法:检查施工记录。

8.9.5 冻结壁已全部融化,且实测地层沉降持续 1 个月,每半个月不大于 0.5 mm,可停止融沉补偿注浆。注浆量不应小于实际冻土体积的 15%。

检验方法:检查测量记录。

8.9.6 融沉注浆孔封孔验收应按设计要求割除注浆管,安装球墨铸铁闷盖保证安装牢固。

检查数量:全数检查。

检验方法:检查施工记录。

附录 A 冻结孔检验批质量验收

A.0.1 冻结孔质量验收由监理工程师组织项目专业技术负责人等进行验收,并按表 A.0.1 记录。

表 A.0.1 冻结孔质量验收记录

工程名称		分项工程名称		验收部位	
施工单位		项目经理		专业工长	
施工执行标准名称及编号					
分包单位		分包项目经理		施工班组长	
质量验收规范的规定			施工单位检查评定记录		监理(建设)单位验收记录
主控项目	1	冻结孔成孔间距是否满足要求			
	2	冻结孔深度是否满足要求			
	3				
	4				
一般项目	1	冻结孔开孔偏差是否满足要求			
	2	冻结孔偏斜是否满足要求			
	3	是否按要求安装孔口防喷装置			
	4	是否根据土体流失量进行补偿注浆			
	5	对于不满足事项,是否根据技术处理方案进行整改或处理			
施工单位检查评定结果		项目专业质量检查员: 年 月 日			
监理(建设)单位验收结论		专业监理工程师: (建设单位项目专业技术负责人): 年 月 日			

附录 B 冻结管检验批质量验收

B.0.1 冻结管质量验收由监理工程师组织项目专业技术负责人等进行验收,并按表 B.0.1 记录。

表 B.0.1 冻结管质量验收记录

工程名称		分项工程名称		验收部位	
施工单位		项目经理		专业工长	
施工执行标准名称及编号	《输送流体用无缝钢管》GB/T 8163				
分包单位		分项目经理		施工班组长	
质量验收规范的规定			施工单位检查评定记录		监理(建设)单位验收记录
主控项目	1	所有冻结管、测温管、泄压管材质规格是否符合相关规范及冻结设计要求			
	2	冻结管、测温管、下放深度是否满足设计要求			
	3	冻结管打压是否合格			
	4	对于不满足要求项,是否按照设计要求进行整改,整改后是否满足设计要求			
一般项目	1				
	2				
	3				
	4				
施工单位检查评定结果		项目专业质量检查员: 年 月 日			
监理(建设)单位验收结论		专业监理工程师: (建设单位项目专业技术负责人): 年 月 日			

附录 C 开始冻结前检验批质量验收

C.0.1 开始冻结前质量验收由监理工程师组织项目专业技术负责人等进行验收,并按表 C.0.1 记录。

表 C.0.1 开始冻结前质量验收记录

工程名称		分项工程名称		验收部位	
施工单位		项目经理		专业工长	
施工执行标准名称及编号					
分包单位		分包项目经理		施工班组长	
质量验收规范的规定			施工单位检查评定记录		监理(建设)单位验收记录
主控项目	1	所有设备均按规范要求安设			
	2	是否按照设计要求安装测温管			
	3	盐水管路试压是否合格			
	4	单组盐水流量是否满足设计要求			
	5	盐水浓度是否满足设计要求			
	6	是否按照设计要求安装泄压孔			
	7				
一般项目	1	是否按照设计要求布设保温层			
	2				
	3				
施工单位检查评定结果		项目专业质量检查员: 年 月 日			
监理(建设)单位验收结论		专业监理工程师: (建设单位项目专业技术负责人): 年 月 日			

附录 D 冻结加固冻结运转日报表

表 D 冻结加固冻结运转日报

工程名称								施工单位						项目经理			
分项工程名称								时间				年 月 日至 年 月 日		专业工长			
班组	记录 时间	吸气 压力 (MPa)	排气 压力 (MPa)	盐水 水位 (cm)	油压/ 供液 (MPa /%)	盐水 压力 (MPa)	清水 压力 (MPa)	电压 (V)	电流 (A)	能量 (%)	排气 温度/ 油温 (℃)	水温 (℃)	盐水温度(℃)		记录人
														去路	回路	
白班	9:00															
	11:00															
	13:00															
	15:00															
	17:00															
	19:00															

续表D

班组	记录时间	吸气压力(MPa)	排气压力(MPa)	盐水水位(cm)	油压/供液(MPa/%)	盐水压力(MPa)	清水压力(MPa)	电压(V)	电流(A)	能量(%)	排气温度/油温(℃)	水温(℃)	盐水温度(℃) 去路	盐水温度(℃) 回路	记录人
夜班	21:00														
	23:00														
	01:00														
	03:00														
	05:00														
	07:00														
备注															

测量员：　　　　　质检员：　　　　　技术员：

年　月　日

附录 E 冻结加固测温测压日报表

表 E 冻结加固测温测压日报

工程名称				分项工程名称			
冻结天数	运转台数	盐水设计温度(℃)		盐水温度(℃)		总去	
						总回	
冻结孔盐水回路温度(℃)							
孔号	温度	孔号	温度	孔号	温度	孔号	温度
1							
2							
3							
…							
测温孔温度(℃)							
测点深度＼孔号	C1	C2	C3	C4	C5	C6	C7	C8	…
泄压孔									
孔号	X1	X2	X3	X4			…		
压力(MPa)									
备注									

测量人：　　　　技术员：　　　　专业监理工程师：　　　　年　月　日

附录 F 开挖前检验批质量验收

F.0.1 开挖构筑属于关键工序,关键工序质量验收由建设单位项目负责人组织总监理工程师、施工单位项目经理及有关项目专业设计负责人等进行验收,并按表 F.0.1 记录。

表 F.0.1 开挖前质量验收记录

工程名称			分项工程名称		验收部位	
施工单位			项目经理		专业工长	
施工执行标准名称及编号			《混凝土结构工程施工质量验收规范》GB 50204《钢筋焊接接头试验方法标准》JGJ/T 27			
分包单位			分包项目经理		施工班组长	
		质量验收规范的规定		施工单位检查评定记录		监理(建设)单位验收记录
主控项目	1	积极冻结时间是否满足设计要求				
	2	盐水温度是否满足设计要求				
	3	去、回路盐水温差是否满足设计要求				
	4	冻结壁有效厚度是否满足设计要求				
	5	冻结壁平均温度是否满足设计要求				
	6	交界面平均温度是否满足设计要求				
	7	冷冻设备是否运转正常,是否有足够备用设备				
	8	是否按设计要求安装隧道支撑及防护门				
	9	材料、物资是否到位				
	10	应急材料、设备是否到位				

续表F.0.1

质量验收规范的规定		施工单位检查评定记录	监理(建设)单位验收记录
一般项目	1 视频、通话系统是否完善		
	2		
	3		

施工单位检查评定结果	项目专业质量检查员： 年　月　日
监理(建设)单位验收结论	专业监理工程师： (建设单位项目专业技术负责人)： 年　月　日

附录 G 开挖与支护检验批质量验收

G.0.1 开挖与支护质量验收由监理工程师组织项目专业技术负责人等进行验收，并按表 G.0.1 记录。

表 G.0.1 开挖与支护质量验收记录

工程名称		分项工程名称		验收部位		
施工单位		项目经理		专业工长		
施工执行标准名称及编号		《钢结构设计标准》GB 50017 《城市轨道交通工程测量规范》GB/T 50308				
分包单位		分包项目经理		施工班组长		
质量验收规范的规定			施工单位检查评定记录		监理(建设)单位验收记录	
主控项目	1	开挖面超挖	≤30 mm			
	2	开挖中线偏差	≤20 mm			
	3	钢支架轴线偏差	≤20 mm			
	4	按设计要求连接钢支架				
	5	按要求安装木背板				
	6	木背板填充效果是否密实				
	7	喷射混凝土表面平整度是否合格				
	8	喷射混凝土厚度是否合格				
	9					
	10					
	11					
施工单位检查评定结果		项目专业质量检查员： 年 月 日				
监理(建设)单位验收结论		专业监理工程师： (建设单位项目专业技术负责人)： 年 月 日				

附录 H 结构工程检验批质量验收

H.0.1 结构工程质量验收由监理工程师组织项目专业技术负责人等进行验收,并按表 H.0.1 记录。

表 H.0.1 结构工程质量验收记录

工程名称			分项工程名称		验收部位	
施工单位			项目经理		专业工长	
施工执行标准名称及编号			《混凝土结构工程施工质量验收规范》GB 50204			
分包单位			分包项目经理		施工班组长	
		质量验收规范的规定		施工单位检查评定记录		监理(建设)单位验收记录
主控项目	1	组合模板允许偏差(净宽)		+10 mm~+30 mm		
	2	组合模板允许偏差(净高)		+10 mm~+30 mm		
	3	钢筋隐蔽工程是否满足设计要求				
	4	混凝土强度及抗渗是否满足设计要求				
	5	钢筋混凝土工程净宽允许偏差是否满足设计要求				
	6	钢筋混凝土工程净高允许偏差是否满足设计要求		按设计要求		
	7	混凝土壁厚允许偏差		0~+30 mm		
	8	混凝土结构表面质量是否满足要求				
	9					
施工单位检查评定结果			项目专业质量检查员: 年 月 日			
监理(建设)单位验收结论			专业监理工程师: (建设单位项目专业技术负责人): 年 月 日			

附录 J 冻结壁平均温度计算

J.0.1 经验公式

单排管冻结壁平均温度计算可按式(J.0.1-1)计算：

$$t_{cp1} = t_c(1.135 - 0.352\sqrt{l} - \frac{0.785}{\sqrt[3]{E}} + 0.266\sqrt{\frac{l}{E}}) - 0.466$$

(J.0.1-1)

当开挖后，开挖侧壁表面温度低于0℃时，冻结壁有效厚度范围内的平均温度宜按式(J.0.1-2)计算：

$$t'_{cp} = t_{cp1} + \omega t_n \quad (J.0.1-2)$$

式中：t_{cp1}——单排管冻结壁的平均温度(℃)；

t_c——冻结管外壁温度(℃)；

l——相邻冻结管中心的距离(m)；

E——冻结壁厚度(m)；

t_n——侧壁温度(℃)；

ω——经验系数，取 0.25～0.30；

t'_{cp}——有效厚度范围内冻结壁的平均温度(℃)。

J.0.2 解析解计算法

1 直线单排管冻结温度场应按图 J.0.2-1 计算。

单排管冻结冻结壁平均温度宜按式(J.0.2-1)测算：

$$t_{cp} = \frac{1}{2}(t_k - t_0) + t_0 \quad (J.0.2-1)$$

式中：t_{cp}——冻结壁平均温度(℃)；

t_k——冻结壁特征点温度(℃)，宜按式(J.0.2-2)计算：

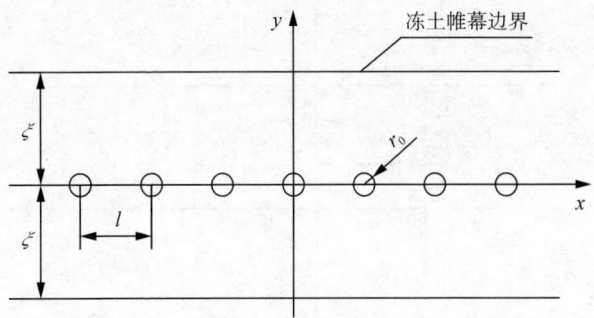

图 J.0.2-1 直线单排管冻结温度场计算简图

$$t_k = \frac{\frac{\pi\xi}{l}}{\ln\frac{l}{2\pi r_0} + \frac{\pi\xi}{l}} \cdot (t_f - t_0) + t_0 \quad (J.0.2\text{-}2)$$

式中：t_0——冻结壁边界温度(℃)；

$\quad\ t_f$——冻结管表面温度(℃)；

$\quad\ r_0$——冻结管半径(m)；

$\quad\ l$——冻结管管距(m)；

$\quad\ \xi$——冻结管到冻结壁边界的距离(m)。

单排管冻结冻结壁平均温度可按式(J.0.2-3)计算(其中假定土体的冻结温度为 $t_0 = 0℃$)：

$$t_{cp} = \frac{t_f}{2} \cdot (-0.15\frac{l}{\xi} + 3.20\frac{r_0}{l} + 0.71) \quad (J.0.2\text{-}3)$$

2 直线双排管冻结温度场应按图 J.0.2-2 计算。

双排管冻结冻结壁平均温度宜按式(J.0.2-4)计算：

$$t_{cp} = \frac{2}{3}(t_k - t_0) + t_0 \quad (J.0.2\text{-}4)$$

式中：t_{cp}——冻结壁平均温度(℃)；

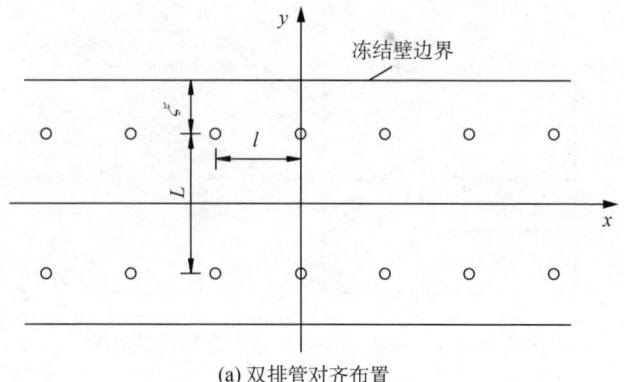

(a) 双排管对齐布置

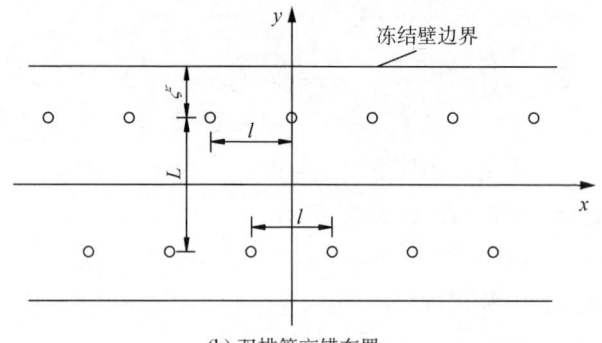

(b) 双排管交错布置

图 J.0.2-2 双排管冻结温度场计算简图

t_k——冻结壁特征点温度(℃),宜按式(J.0.2-5)计算:

$$t_k = \frac{t_f - t_0}{\ln\dfrac{l}{2\pi r_0} + \dfrac{2\pi\xi}{l}} \cdot \left[\frac{\pi(2\xi+L)}{l} - \ln(2\text{ch}\frac{\pi L}{l})\right] + t_0$$

(J.0.2-5)

式中:t_f——冻结管表面温度(℃);

t_0——冻结壁边界温度(℃);

r_0——冻结管半径(m);

l——冻结管管距(m);

L——冻结管排距(m);

ξ——冻结管到冻结壁边界的距离(m)。

双排管冻结冻结壁平均温度可按式(J.0.2-6)计算(其中假定土体的冻结温度为 $t_0=0℃$):

$$t_{cp}=t_f \frac{\xi+L}{2\xi+L} \cdot (-0.115\frac{l}{\xi}+2.20\frac{r_0}{l}+0.84)$$

(J.0.2-6)

附录 K 冻结站设备选型通用计算

K.0.1 盐水泵选型计算

1 盐水循环总流量不应小于按式(K.0.1-1)计算的 W_{br} 值:

$$W_{br} = \frac{Q_z}{\Delta t_2 \cdot \gamma \cdot c} \quad \text{(K.0.1-1)}$$

式中:W_{br}——盐水循环计算总流量(m^3/h);
$\quad\quad Q_z$——冻结站需冷量(kJ/h);
$\quad\quad \gamma$——盐水密度(kg/m^3);
$\quad\quad c$——盐水比热[$kJ/(kg \cdot ℃)$];
$\quad\quad \Delta t_2$——去回路盐水温差(℃),一般取 1℃~2℃。

2 盐水泵扬程应按式(K.0.1-2)计算:

$$H_c = 1.15(h_1 + h_2 + h_3 + h_4 + h_g) + h_5 + h_6 + h_7 \quad \text{(K.0.1-2)}$$

式中:H_c——盐水泵计算扬程(m);
$\quad\quad h_1$——盐水干管和集、配液圈中的压力损失(m);
$\quad\quad h_2$——供液管中的压头损失(m);
$\quad\quad h_3$——冻结器环形空间的压头损失(m);
$\quad\quad h_4$——盐水管路中弯头、三通、阀门等局部阻力,取值为 $(h_1+h_2+h_3)$ 的 20%(m);
$\quad\quad h_g$——冷冻排管中的压头损失(m);
$\quad\quad h_5$——盐水泵的压头损失,可取 3 m~5 m;
$\quad\quad h_6$——封闭式循环系统中回路盐水管高出盐水泵的高度,宜取 1.5 m;
$\quad\quad h_7$——蒸发器内的盐水压头损失(m)。

其中，

$$h_i = \lambda_i \frac{L_i}{d_i} \cdot \frac{\omega_i^2}{2g} \quad \text{(K.0.1-3)}$$

$$\lambda_{i(\text{紊流})} = \frac{0.3164}{\sqrt[4]{R_{ei}}} \quad \text{(K.0.1-4)}$$

$$\lambda_{i(\text{层流})} = \frac{64}{R_{ei}} \quad \text{(K.0.1-5)}$$

$$R_{ei} = \frac{\omega_i d_i \gamma_i}{\mu g} \quad \text{(K.0.1-6)}$$

式中：d_i——管径(m)；

L_i——管长(m)；

g——重力加速度，9.81 m/s²；

ω_i——盐水流速(m/s)；

λ_i——盐水流动阻力系数；

R_{ei}——雷诺数；

μ——盐水动力粘滞系数(Pa·s)；

γ_i——盐水重度(kN/m³)；

i——取 1,2,3。

3 盐水泵电动机功率宜按式(K.0.1-7)计算：

$$N = 1.25 \frac{W_{br} \cdot H_c \cdot \gamma}{102 \times 3600 \times \eta_1 \cdot \eta_2} \quad \text{(K.0.1-7)}$$

式中：η_1——盐水泵的效率，取 0.75；

η_2——电动机的效率，取 0.85。

K.0.2 冻结站冷却水总需用量计算

1 冻结站冷却水总需用量可按式(K.0.2-1)计算：

$$W_0 = W_1 + W_2 \quad \text{(K.0.2-1)}$$

式中：W_0——冷却水计算总需用量(m^3/h)；
　　W_1——冷凝器冷却水需用量(m^3/h)；
　　W_2——冷冻机冷却水需用量(m^3/h)。
　蒸发式冷凝器的冷却水需用量和冷冻机的冷却水需用量宜按产品说明书的参数确定。

2 不安装冷却塔时的补充水量可按式(K.0.2-2)计算：

$$W_3 = \frac{W_0(t_2-t_1)}{t_2-t_b} \quad (K.0.2-2)$$

式中：W_3——补充水量(m^3/h)；
　　W_0——冷却水计算总需用量(m^3/h)；
　　t_2——冷凝器出水温度(℃)；
　　t_1——冷凝器进水温度(℃)；
　　t_b——补充水温度(℃)。

3 采用冷却塔时的补充水量可按式(K.0.2-3)计算：

$$W_3 = \frac{W_r \cdot \Delta t_1}{600} + W_4 + W_5 \quad (K.0.2-3)$$

式中：W_3——补充水量(m^3/h)；
　　W_r——冷却塔循环水量(m^3/h)；
　　Δt_1——冷却塔进出水温差(℃)；
　　W_4——冷却塔的飞溅损失水量(m^3/h)，取 $0.01W_r \sim 0.02W_r$；
　　W_5——其他排放水量(m^3/h)。

本标准用词说明

1 为了便于在执行本标准条文时区别对待,对要求严格程度不同的用词说明如下:
　　1)表示很严格,非这样做不可的用词:
　　　正面词采用"必须";
　　　反面词采用"严禁"。
　　2)表示严格,在正常情况下均应这样做的用词:
　　　正面词采用"应";
　　　反面词采用"不应"或"不得"。
　　3)表示允许稍有选择,在条件许可时首先这样做的用词:
　　　正面词采用"宜";
　　　反面词采用"不宜"。
　　4)表示有选择,在一定条件下可以这样做的用词,采用"可"。

2 条文中指明应按其他有关标准执行时,写法为"应符合……的规定(要求)"或"应按……执行"。

引用标准名录

1 《钢结构设计规范》GB 50017
2 《工程测量标准》GB 50026
3 《岩土锚杆与喷射混凝土支护工程技术规范》GB 50086
4 《地下工程防水技术规范》GB 50108
5 《电气装置安装工程 盘、柜及二次回路接线施工及验收规范》GB 50171
6 《混凝土结构工程施工质量验收规范》GB 50204
7 《机械设备安装工程施工及验收通用规范》GB 50231
8 《工业金属管道工程施工规范》GB 50235
9 《工业设备及管道绝热工程设计规范》GB 50264
10 《制冷设备、空气分离器安装工程施工及验收规范》GB 50274
11 《地下铁道工程施工质量验收标准》GB/T 50299
12 《建筑工程施工质量验收统一标准》GB 50300
13 《城市轨道交通工程测量规范》GB/T 50308
14 《城市轨道交通工程监测技术规范》GB 50911
15 《输送流体用无缝钢管》GB/T 8163
16 《城市测量规范》CJJ/T 8
17 《建筑机械使用安全技术规程》JGJ 33
18 《施工现场临时用电安全技术规范》JGJ 46
19 《混凝土用水标准》JGJ 63
20 《喷射混凝土应用技术规程》JGJ/T 372

标准上一版编制单位及人员信息

DG/TJ 08—902—2016

主 编 单 位：上海申通轨道交通研究咨询有限公司
参 编 单 位：北京中煤矿山工程有限公司
　　　　　　天地科技建井研究院
参 加 单 位：中煤第三建设(集团)有限责任公司
　　　　　　中煤隧道工程有限公司
　　　　　　宏润建设集团股份有限公司
　　　　　　兖矿新陆建设发展有限公司
　　　　　　上海岩土工程勘察设计研究院有限公司
主要起草人：白廷辉　毕湘利　王秀志　刘万兰　李方政
　　　　　　韩圣铭　徐兵壮　王灵敏　张景钰　嵇　彭
　　　　　　楼根达　王圣公　褚伟洪　齐吉龙　郝　雷
　　　　　　张　建　刘洪波　刘朝明　崔　灏　韩玉福
　　　　　　黄小平　李福清　付　财　张　松　孔令辉
　　　　　　董　涛　李江莉　李　民　杨洪杰

上海市工程建设规范

联络通道冻结法技术标准

DG/TJ 08—902—2023
J 10851—2024

条文说明

2025　上海

目 次

- 4 冻结设计 ·············· 83
  - 4.1 一般规定 ·············· 83
  - 4.2 冻结设计基础资料 ·············· 84
  - 4.3 冻结壁设计 ·············· 84
  - 4.4 冻结孔、测温孔和泄压孔设计 ·············· 86
  - 4.5 冻结站设计 ·············· 87
  - 4.6 隧道支撑及防护门设计 ·············· 88
  - 4.7 初期支护设计 ·············· 88
  - 4.9 充填注浆与融沉注浆设计 ·············· 88
- 5 冻结施工 ·············· 90
  - 5.1 一般规定 ·············· 90
  - 5.2 冻结孔、测温孔、泄压孔施工 ·············· 90
  - 5.3 冻结管、测温管、泄压管施工 ·············· 91
  - 5.4 冻结器安装 ·············· 91
  - 5.6 冻结站位置及安装 ·············· 91
  - 5.8 冻结壁检测与判断 ·············· 92
  - 5.9 停冻与冻结站拆除 ·············· 92
- 6 开挖与构筑施工 ·············· 93
  - 6.2 隧道支撑和防护门安装 ·············· 93
  - 6.4 开挖与初期支护施工 ·············· 93
  - 6.5 防水施工 ·············· 94
  - 6.6 结构施工 ·············· 94
  - 6.8 充填注浆与融沉注浆 ·············· 94

7 施工监测 ……………………………………………… 95
  7.2 监测内容 …………………………………………… 95
  7.3 监测要求 …………………………………………… 95
8 验 收 …………………………………………………… 97
  8.1 一般规定 …………………………………………… 97
  8.2 冻结孔、测温孔、泄压孔的验收 ………………… 97
  8.3 冻结管、测温管、泄压管的验收 ………………… 97
  8.4 冻结系统质量验收 ………………………………… 97
  8.5 开挖条件验收 ……………………………………… 97

Contents

4 Design of freezing ··· 83
   4.1 General requirements ····························· 83
   4.2 Basic document of design for frozen ground ········ 84
   4.3 Design of frozen wall ······························ 84
   4.4 Design of freezing hole, temperature measuring
       hole and pressure relief hole ······················· 86
   4.5 Design of frozen station ···························· 87
   4.6 Design of tunnel support and protective door ······ 88
   4.7 Design of initial support ··························· 88
   4.9 Design of filling grouting and melting grouting ········ 88

5 Freezing construction ······································ 90
   5.1 General requirements ····························· 90
   5.2 Construction of freezing hole, temperature
       measuring hole and pressure relief hole ·············· 90
   5.3 Construction of freezing pipe, temperature
       measuring pipe and pressure relief pipe ·············· 91
   5.4 Installation of the freezer device ····················· 91
   5.6 Location and installation of the freezing station ········ 91
   5.8 Detection and judgment of the frozen wall ·········· 92
   5.9 Freezing stop and removal of freezing station ······ 92

6 Excavation and construction ······························ 93
   6.2 Installation of tunnel support and safety doors ······ 93
   6.4 Excavation and initial support construction ·········· 93
   6.5 Waterproof construction ··························· 94

  6.6 Structural construction ·· 94
  6.8 Filling grouting and melting grouting ···················· 94
7 Construction monitoring ·· 95
  7.2 Monitoring content ··· 95
  7.3 Monitoring requirements ··· 95
8 Acceptance check ·· 97
  8.1 General requirements ·· 97
  8.2 Acceptance check for freezing hole, temperature measuring hole and pressure relief hole ················ 97
  8.3 Acceptance check for freezing pipe, temperature measuring pipe and pressure relief pipe ················ 97
  8.4 Acceptance check for freezing system ···················· 97
  8.5 Acceptance check for excavation prerequisite ······· 97

4 冻结设计

4.1 一般规定

4.1.1 冻结壁长时间承受大的荷载会引起较大的蠕变变形;随着冻结壁暴露时间的延长,可能因表面温度升高而影响冻结壁的承载力或局部造成破坏。因此,一般需要通过设初期支护的方式来减小冻结壁所承受的荷载,缩短冻结壁的暴露时间。

4.1.3 本条所列出的特殊影响因素,在一定程度上将增大工程风险,应采取针对性措施,以减小工程风险;对于工程特征因素,宜结合功能要求和冻结加固需求,优化结构形式,使结构施作与冻结加固相适应;对于水文地质条件,宜采取适当增加安全冗余度的技术措施;对于周边地面环境,宜采取优化联络通道位置和减小冻胀融沉的措施等。

4.1.4 当冻结壁的边界条件异常时,应结合温度场计算结果判断冻结壁的形成状况,并分析可能对冻结壁封水或承载力的影响;同时,提出针对性技术措施,如:加强冻结、边界保温或要求在施工中实测散热边界的温度分布情况等。

4.1.5 降水对冻结的影响范围与地层渗透性、水力梯度等因素相关,基于国内多年煤矿和城市冻结工程实践,在透水砂层中确定 200 m 影响范围。对于特定具体工程而言,地下水流速是更为直接的判断标准,若实测地下水流速大于 5 m/d,应采取针对性措施以减小对冻结的影响。

4.2 冻结设计基础资料

4.2.3 土层的热物理特性指标和冻土的物理力学特性指标应按照有关标准通过试验方法测定,试验项目和试验内容可按表1确定。

由于受目前试验条件的限制,可以不要求每项工程都进行土层热物理特性试验和冻土物理力学特性试验,但应当采用可靠的工程类比方法对冻结法设计的安全性进行评估。

表1 土的热物理特性试验和冻土物理力学特性试验一览

序号	试验项目	试验内容	备注
1	单轴抗压强度试验	−15℃~−5℃选3种不同温度	—
2	三轴剪切强度试验	−15℃~−5℃选3种不同温度	—
3	抗折试验	−15℃~−5℃选3种不同温度	可执行混凝土试验标准
4	冻胀试验	−25℃~−5℃选3种不同温度	—
5	导热系数测定	冻土与非冻土	—
6	热容量测定	冻土与非冻土	—
7	冻结温度测定	—	—

4.3 冻结壁设计

4.3.1 对于上海地区的工程地质,联络通道的冻结壁类别通常为Ⅲ类"既要求承载又要求止水",这里为了内容完整性,仍保留冻结壁功能分类表。

通道部分冻结壁的结构形式较为固定,采用直墙圆拱冻结壁。对于泵站部分,采取满堂冻结加固时,若在一条隧道内布置冻结孔,应在泵站完成初期支护后方可割除穿过泵站的冻结管,并应在割除冻结管后立即施工混凝土衬砌以防冻结壁化冻;若泵站部分采用"V"字形冻结壁,开挖时不用割除冻结管和停冻,可以显著提高施工的安全性。

4.3.2 冻结壁设计的基本思路为:根据冻结壁功能要求,选择冻结壁结构形式,再按照冻结壁所承受的荷载,计算冻结壁的内力与变形,并根据计算结果确定所需的冻结壁有效厚度与平均温度。

冻结平均温度应根据设计盐水温度、冻结孔成孔间距、冻结壁厚度和冻结时间等冻结施工参数计算。冻结壁有效厚度与平均温度参考值表是根据上海地区多年的工程实践总结而得。当隧道顶部覆土厚度大于25m,若取冻土平均温度$-10℃$时强度指标进行计算,则冻结壁厚度较大,可能对周边环境产生较大的负面影响;另外,若采用单排管冻结,冻结壁发展速度随着时间增加逐渐减慢,冻结时间大大增加,经济性不合理。因此,采用双排冻结孔的布置形式,平均温度取$-13℃$。

4.3.3 冻结壁的力学计算模型选取应以保证承载力设计的安全性为前提。冻结壁的力学计算模型按均质线弹性体简化时,其变形计算结果可能有较大的误差。有条件时,可考虑温度场不均匀分布对冻结壁受力和强度的影响。

地面超载、主动土压力等冻结壁荷载应参考现行行业标准《建筑基坑支护技术规程》JGJ 120等有关标准计算。

由于目前对冻土强度的设计值缺乏系统研究,本标准仍采用容许应力法验算冻结壁的承载力。

当冻结壁附近有要求严格控制变形的建(构)筑物且无成熟经验时,应验算冻结壁及周围介质的变形,包括冻胀、融沉和开挖引起的变形。

4.3.4 最低盐水温度为设计和施工经验值,综合考虑了冻结壁的承载力设计要求、冻结气候环境条件及冻结施工工艺和经济合理性。

对盐水降温速度提出要求是为了保证冻结速度。

应根据回路盐水温度核算冻结壁平均温度。

冻结管直径选择应保证能达到设计的单组盐水流量，并便于冻结管发生渗漏时可下放小直径冻结管处理。冻结管采用更小直径时，应计算和实测评估对冻结壁形成的影响。为了防止削弱隧道管片强度，采用的冻结管直径不宜过大。管壁厚度确定主要应考虑冻结管接头形式及其强度需要。

4.3.5 正常工况条件下，采用经验方法预计冻结壁形成是可行的。本条给出了冻结壁平均扩展速度参考值，以供设计预判冻结壁形成情况。

冻结过程中，加固体的温度场处于动态变化过程中，为便于计算，冻结壁交圈后一周，可将温度场简化为稳态温度场；对于平均温度的测算，给出了简易的计算方法，以方便工程使用。

4.3.6 隧道管片保温层可采用聚氨酯、橡塑、聚苯乙烯和聚乙烯软质泡沫等保温材料。保温层不得浸泡在水中。

4.4 冻结孔、测温孔和泄压孔设计

4.4.1 冻结孔布置完成后应进行冻结形成验算，以确保冻结孔的布置参数可以达到设计冻结壁的要求。

成孔间距是冻结孔验收的控制性指标，是冻结孔布置的重要参数之一，应根据冻结壁有效厚度、平均温度和盐水温度等参数，结合冻结孔的布置方式综合确定。当冻结孔布孔位置受到限制时，可适当放大冻结孔成孔控制间距，但应采取局部加强冻结、优化施工工艺等措施予以弥补。

冻结孔偏斜精度控制值按照 10 m、15 m 和 30 m 划分三档，冻结孔深度≤10 m 适用于大多数联络通道冻结工程，最大偏斜量 150 mm；当 10 m<冻结孔深度≤15 m 时，采用线性插值法计算；当 15 m<冻结孔深度≤30 m 时，通常为超长联络通道冻结工程，采用双向打孔。因此，60 m 的冻结孔深度划分基本上可涵盖目前可能遇到的冻结工程。当冻结孔深度取 30 m 时，最大偏斜量

360 mm 是在统计了国内长距离钻孔数据的基础上提出的,绝大多数冻结孔的偏斜量均可满足。

冻结孔深度为冻结孔安装冻结管的深度。

4.4.6 应根据冻结壁形成质量检验要求和冻结孔布置特征合理布置测温孔位置、方位和深度。

测温孔布置及测点设置应考虑一孔多用,既可以检测冻结壁的厚度、平均温度,也可以用于检测冻结壁与隧道管片的界面温度。

4.4.7 当水压大或为不透水地层时,泄压孔内可以不下滤水管。

当检测地层初始水压为零并确认地层不透水时,可通过泄压孔注清水贯通地层与隧道管片的间隙。

要检查隧道管片是否渗漏,防止出现因隧道管片渗漏而使泄压孔水压不升高的情况。由于土层条件等原因,泄压孔压力可能不上涨或上涨较少,要查明原因,具体分析。

4.5 冻结站设计

4.5.2 冻结管吸热能力计算应包括冷排管。

4.5.3 冷冻机的蒸发温度、冷凝温度和工况制冷能力计算应以产品说明书为准,并考虑因设备老化而导致制冷效率降低的情况。

压缩机系统的冷凝温度,是指制冷剂在冷凝器中冷凝时的温度,该温度相对应的制冷剂蒸汽压力即冷凝压力。蒸发温度是指制冷剂在蒸发器中蒸发沸腾时的温度,它与相应的蒸发压力是对应的。冷凝温度和蒸发温度都是制冷系统中重要的参数。

4.5.4 氯化钙应考虑适量备用,以防盐水意外损失。氯化钙实际纯度应经过现场抽检确定。

盐水中掺加氢氧化钠或重铬酸钠可减轻盐水对金属的腐蚀。

4.5.5 在盐水干管中安装软接头可减小温度应力和制冷设备运转引起的振动对干管稳定性的影响。

4.5.7 安装冷却塔,可减少补充水量。

4.6 隧道支撑及防护门设计

4.6.2 隧道支撑每个支点所承受的荷载不应大于管片设计承载力,根据以往工程经验,对于管片设计承载力,当缺乏具体设计参数时,隧道支撑每个支点所承受的荷载可取 500 kN。

4.6.3 当联络通道施工阶段需要通行施工设备时,应根据通行施工设备的限界要求进行隧道支撑设计,可采用紧贴隧道内壁的环形支撑,其截面形式、支撑点布置等宜进行针对性设计。

4.6.4 防护门的作用是在开挖过程中发生冻结壁透水、漏泥或失稳时,可以用水压平衡法阻止冻结壁继续透水、漏泥或变形。

4.7 初期支护设计

4.7.1 上海地处长江三角洲前缘,东濒东海,南临杭州湾,北接长江入海口,区域地层以滨海相软弱饱和土为主,冻土强度低、蠕变性强,再加上开挖之后冻结壁长时间暴露等因素影响,冻结壁将存在不同程度削弱,故初期支护应进行承载力验算。对于冻结壁所承受的荷载取值问题,目前仍缺乏系统性的研究与完整的现场实测数据。

4.7.2 开挖与支护的施工参数应与开挖方式和支护结构相适应,做到对冻结壁及时、有效的保护。施工过程中可根据实测冻结壁的稳定性对其进行适当调整,在保证施工安全的前提下,加快施工速度和降低施工成本。

4.9 充填注浆与融沉注浆设计

4.9.1 充填注浆的目的:一方面,防止冻结壁局部解冻后二衬背后间隙导水而增加结构漏水的可能性；另一方面，通道拱顶混凝土不容易浇筑密实，及时充填注浆有利于补强结构并减小冻结壁解冻过程中的变形。注浆时如发现结构后间隙不畅通，可以通过检测预留注浆孔内温度，判断二衬背后间隙是否结冰。若结构后间隙结冰，可适当延长充填注浆时间，增加注浆次数。

4.9.5 停止融沉注浆的判断标准是联络通道验收前的一个重要控制条件，这里采用多重指标的综合判断方法：①冻结壁已全部融化；②注浆量达到经验估算值；③地层沉降稳定。"冻结壁已全部融化"本质上是时间控制指标，自然解冻的时间受地层、地温、冻结壁有效厚度与平均温度等多种因素影响。注浆量的估算应按照实际冻结帷幕体积进行计算，通常为冻土体积的15%～20%。地表竖向位移变化速率采用标准与主隧道停止监测的标准一致，根据上海市工程建设规范《城市轨道交通工程施工监测技术规范》DG/TJ 08—2224—2017 第 5.3.1 条条文说明，"盾尾脱出一定时间以后，实测地表竖向位移的收敛情况，当地表竖向位移变化速率连续 2 次小于 0.5 mm/15 d 时，在获得相关单位同意后可停止隧道施工阶段监测"。

5 冻结施工

5.1 一般规定

5.1.1 当联络通道两预留洞门相对位置偏差大于100 mm或联络通道轴线水平偏角大于2°时,应修正冻结孔设计方位甚至开孔孔位,并由设计单位书面确认。

5.1.2 冻结钻孔前,地表和隧道内变形监测点应布置完毕。记录测量初始值,并对地表和隧道内变形趋势进行掌握,排除其他因素对地层的扰动。

5.2 冻结孔、测温孔、泄压孔施工

5.2.2 在特殊情况下冻结孔开孔位置误差大于100 mm时,经设计单位书面确认后,可适当调整相邻冻结孔的开孔位置,使冻结孔开孔间距比较均匀。

5.2.3 本条第2款跟管钻进指用冻结管作钻杆钻进的施工方法,冻结管端部连接钻头和单向阀,钻进到设计深度后用丝堵密封冻结管端头。采用湿钻钻进时,应控制循环液从孔口管旁通排出的压力,钻进保压意图主要控制地层水土流失,以免塌孔。夯管法适用于标贯值小于30的软土地层,采用夯管锤将冻结管夯入地层。因不需要循环钻液,与跟管钻进相比,水土流失量小。

本条第4款应根据地层沉降监测情况确定注浆量,一般情况下注浆体积可取流失土体体积的2倍。应避免注浆对周围冻结孔施工的影响。

本条第 5 款冻结孔施工结束后必须采用水泥浆或水泥-水玻璃双液浆封堵冻结管与管片之间的缝隙，防止冻结结束后割除冻结管时发生漏砂漏水事故。

5.2.6 冻结孔的开孔位置和偏斜影响冻结孔的成孔间距，冻结孔成孔间距对冻结壁的形成速度与形成质量起着关键作用。在设计和施工时，应控制冻结孔成孔间距合理且均匀。

5.3 冻结管、测温管、泄压管施工

5.3.2 冻结管管材及连接宜用卡尺校核是否顺直。

5.3.3 冻结管配管长度不应小于冻结孔设计深度，并考虑隧道管片以内孔口管、阀门和孔口密封装置的长度。

5.3.6 本条第 1 款中，下小直径冻结管的冻结孔数不得多于冻结孔总数的 5%，且应采取加大冻结盐水流量、延长积极冻结时间等措施，以消除小直径冻结管对冻结壁形成的不利影响。

5.4 冻结器安装

5.4.2 供液管采用聚乙烯增强塑料管时，端部可开长 50 mm 的三角形过水通道。当供液管采用钢管时，可在端头前焊接直径 10 mm 左右的圆钢或螺纹钢筋，以利于盐水循环。

5.6 冻结站位置及安装

5.6.6 排气阀应每天安排专人排气，以使盐水循环通畅。盐水泄露将直接影响冻结效果，如果处理不及时，有可能造成冻结壁破坏、开挖过程涌水涌砂等风险。因此，盐水箱内应安装液位声光报警装置，一旦盐水泄露，能第一时间预警和采取处置措施。

5.8 冻结壁检测与判断

5.8.1 冻结壁有效厚度、平均温度以及冻土与结构交界面温度可通过测温孔监测温度、冻结孔布置参数等指标按规定方法计算;泄压孔压力监测情况可作为判断冻结壁是否交圈的重要依据;探孔是判断冻结壁形成状况的直接验证手段;冻结壁开挖边界温度与变形量是判断开挖过程中冻结壁安全状况的重要指标之一。

5.8.2 测温孔测温一般采用固定测点的测温系统。如采用移动测点的单点测温仪测温,应待仪表温度读数稳定后记录温度。测温管内安装测温电缆和测温元件后,管口应进行密封和保护,防止测温元件及电缆被移位、损坏。当监测温度变化幅度可能影响施工时,应增加监测频率。

5.8.5 如遇泄压孔压力不起压等异常现象,应排查是否存在冻结壁薄弱部位、泄压孔是否与地层水力连通、隧道管片是否渗漏等因素。

5.9 停冻与冻结站拆除

5.9.2 冻结区范围含承压水砂性地层时,应逐组停冻、割管、封孔,严格控制每个冻结孔停冻后的割管和封孔时间。

6 开挖与构筑施工

6.2 隧道支撑和防护门安装

6.2.1 隧道支撑应在冻结壁交圈前安装完毕。

隧道收敛处各个千斤顶加力应尽量均匀,防止隧道支撑变形、失稳。千斤顶加力后应有可靠限位措施。

千斤顶顶力达到设计最大值后隧道仍继续变形时,可采用型钢、方木等对隧道进行支撑。

6.2.2 在掘进过程中如发生冻结壁透水、漏泥或失稳等情况,有进一步发展失控的可能时,应立即关闭防护门。同时,通过防护门上的阀门向挖空区注入聚氨酯等注浆充填材料。

6.4 开挖与初期支护施工

6.4.1 根据冻结壁的结构力学特性,联络通道开挖施工工艺选择应遵循下列原则:冻土的抗拉强度低,有很强的蠕变性,并且与环境温度有密切关系,故应避免冻结壁长时间暴露和长时间承受大的荷载,尤其要尽量避免冻结壁受拉。应当及时快速实施初期支护,避免周围冻土出现不利的应力应变状态。通过及时支护及必要时设保温层,防止冻结壁温度升高。由现场量测掌握冻结壁和支护稳定性的动态变化,适时调整支护参数。

6.4.2 开挖与支护的施工参数应与开挖方式和支护结构相适应,做到对冻结壁及时、有效的保护。在施工过程中,可以根据实测冻结壁的稳定性对其进行适当调整。

6.4.5 本条第4款开挖时因影响结构施工而必须提前割除冻结

管时,应经设计单位复核并同意后实施。

6.5 防水施工

6.5.1 初期支护喷浆完成且喷浆面平整、无明显凹凸,经监理验收合格后方可转入防水层施工工序。

6.6 结构施工

6.6.1 在施工结构时,若初期支护表面有明显结霜,则应监测混凝土浇筑后的温度变化,必要时采取防冻措施。

6.8 充填注浆与融沉注浆

6.8.5 冻结壁宜采用自然解冻。当确需采用强制解冻时,应编制控制地层沉降对周边环境影响的措施及冻结孔、测温孔等的封孔措施。

7 施工监测

7.2 监测内容

7.2.3 对于地层复杂、埋深大、长度长、穿越既有建筑等风险大的联络通道，监测内容应满足风险控制的要求。监测内容应根据设计等相关单位的要求进行设置，如水土压力、冻结管纵向测温、冻胀边界热水温度等。

7.3 监测要求

7.3.2 根据上海市城市轨道交通施工监测经验，为确保地表竖向位移测量值真实反映联络通道施工对地表的影响，在地面布设深层监测点时应穿透路面结构硬壳层，沉降标杆应进入原状土600 mm 以上，沉降标杆宜采用 $\Phi 25$ mm 螺纹钢标杆，沉降标杆外侧宜采用内径大于 13 cm 的金属套管保护，保护套管内的螺纹钢标杆间隙应采用黄砂回填，深埋监测点的埋设可参照图1。

7.3.3~7.3.6 本标准给出了联络通道施工期间各测项报警值的建议值。当设计单位或权属单位有明确要求时，以设计单位或权属单位提供的报警值为准。因盾构施工到联络通道施工周期较长，若盾构施工阶段监测对象已经发生较大变形，应根据监测对象特性确定联络通道施工期间的报警值。

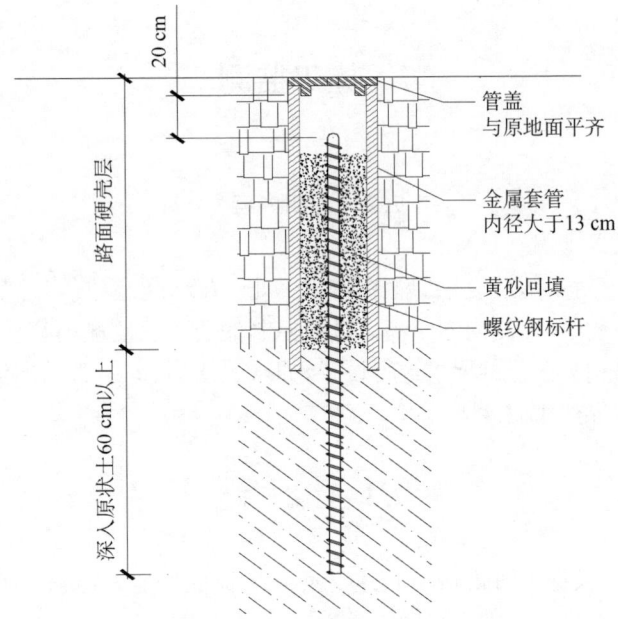

图 1 深埋竖向位移监测点埋设示意图

8 验 收

8.1 一般规定

8.1.1 本条规定了隧道联络通道冻结工程施工质量验收的工程划分。质量验收应按工序、分项工程、分部工程进行。

8.2 冻结孔、测温孔、泄压孔的验收

8.2.1 成孔深度不应小于设计深度,并不应大于设计深度0.5 m。当隧道联络通道实测线间距小于设计时,打到对面管片的冻结孔必须紧贴管片。

8.3 冻结管、测温管、泄压管的验收

8.3.2 冻结管的下放深度直接影响到冻结效果,应符合设计要求。

8.4 冻结系统质量验收

8.4.2 盐水、冷却水循环系统的温度、流量、压力应符合设计要求。这些参数直接影响冻结壁的发展速度。

8.5 开挖条件验收

8.5.1~8.5.3 泄压孔压力变化、冻结壁交圈时间、冻结壁平均温度、冻结壁有效厚度是确定隧道联络通道开挖的重要依据,直接影响开挖的安全。